CATALOGUE

DE LA

BIBLIOTHÈQUE RELIGIEUSE

DE

L'ÉGLISE WALLONNE

d'Amsterdam.

1858.

CATALOGUE

DE LA

BIBLIOTHÈQUE RELIGIEUSE

DE

L'ÉGLISE WALLONNE

d'Amsterdam.

1858.

La Commission pour la Bibliothèque religieuse, en rédigeant ce nouveau catalogue, a cru devoir suivre un autre ordre, que celui qui avait été suivi précédemment. Au lieu de classer les livres dans les rubriques diverses d'après l'époque de la publication, elle a tâché de réunir plus directement ceux, dont le sujet offre quelque analogie, afin de faciliter de la sorte le choix aux lecteurs. Elle a préféré l'indication par *lettres majuscules* pour les différentes rubriques, en donnant à chacune les mêmes numéros, parceque la méthode précédente avait présenté quelques difficultés dans la publication des suppléments annuels.

Elle prie les lecteurs de vouloir être attentifs à ce changement, et d'indiquer pour les livres dont ils désirent la lecture, tant les *lettres majuscules* et *les numéros*, que les *titres* des *ouvrages*, puisque désormais l'indication seule des numéros donnerait lieu à de sérieux embarras.

Elle les prie instamment ensuite, de vouloir faire cette indication sur les listes, qui accompagnent le Catalogue, et de la faire en nombre assez étendu de livres, afin que lorsque le choix des lecteurs se fixe sur le même ouvrage, on puisse se trouver dans l'occasion de satisfaire, autant qu'il se peut, aux désirs de tous.

La Commission susdite recommande cette institution, qui gagne annuellement en étendue et en intérêt, à la bienveillante coopération de ceux qui en sont membres, et par leur moyen aussi, à l'attention de ceux qui n'en sont pas membres encore; et elle prie le Seigneur de vouloir la faire contribuer de plus en plus au but que le Consistoire s'est proposé en l'établissant, l'édification des âmes en Jésus Christ.

Amsterdam, 13 Janv. 1858.

STATUTS.

1.

La Bibliothèque se compose d'ouvrages de piété et d'instruction religieuse, ayant principalement pour objet: l'explication des Saintes Ecritures, l'histoire de l'Église, la Doctrine et la Morale Chrétienne, etc. On n'admet que des livres jugés propres à rendre plus fréquente et plus utile la lecture de la Bible, en écartant tous ceux, qui, quelqu'en soit d'ailleurs le mérite, pourraient ne point avoir cet effet.

2.

Elle est formée essentiellement d'ouvrages Français, sans exclusion de livres en d'autres langues; tout en demeurant en dehors des hautes études Théologiques, on a égard aux besoins des lecteurs de tout degré d'instruction et d'intelligence.

3.

Le choix des livres est laissé à la Direction. Toutefois elle en donne connaissance au Consistoire pour qu'au besoin il en juge en dernier ressort.

4.

Dans l'espoir d'une participation générale, la contribution annuelle est fixée au minimum de f **2**. Les contributions plus fortes, comme aussi les dons en argent et en livres, par lesquels des personnes bienveillantes se trouvent disposées à favoriser ce pieux établissement, sont reçus avec reconnaissance.

—

5.

La Bibliothèque, avant tout à l'usage des Contribuants, est accessible encore à ceux qui sont munis d'un billet d'admission par l'un des Pasteurs, Anciens ou Diacres de l'Église Wallonne.

6.

Un Commissionnaire de l'établissement apporte et vient reprendre les livres *de quatre en quatre semaines, à des jours fixes.*

7.

On peut remettre les demandes de livres *par écrit* au Commissionnaire ou au Marguillier de l'Église. On peut aussi en faire la demande en personne aux Directeurs, qui se trouvent de quinze en quinze au local de la Bibliothèque dans le temple Wallon, au jour et à l'heure que le Marguillier ou le Commissionnaire fera connaître aux intéressés.

—

CATALOGUE.

A.

ÉCRITURE SAINTE.

1 Cellérier, (J. E.) Introduction à la lecture des Livres saints, Gen. 1832.

2 Burnier, (L.) Études élémentaires et progressives de la Parole de Dieu, 7 vol., Laus. 1852, 1855.

3 Bickersteth, (E.) Considérations sur l'Écriture Sainte (trad. de l'Angl.), Par. 1830.

4 Busken Huët, Brieven over den Bijbel, Haarl. 1857.

5 Ostertag, (M.) La Bible et son histoire (trad. de l'Allem.), Gen. Par. 1857.

6 De l'authenticité et de la divine inspiration des Saintes Écritures (trad. de l'Angl.), Par. 1830.

7 Gaussen, (S. R. L.) Théopneustie, Par. 1840.

8 Oster, (J.) Correspondance amicale sur l'inspiration divine de la Bible, Par. 1841.

9 Rougemont, (F. de) Christ et ses témoins, ou lettres d'un laïque sur la révélation et l'inspiration, 2 vol., Par. 1856.

10 Merle d'Aubigné, (J. H.) l'Autorité des Écritures, Toul. 1850.

11 Olshausen, (H.) De l'interprétation biblique, ou du sens profond des Saintes Écritures (trad. de l'Allem.), Neuch. 1841.

12 Panchaud, (E.) La Bible et la science moderne, Brux. 1854.

13 Lignon, (du) Dictionnaire de la Bible, Leid. 1757.

14 Bost, (J. A.) Dictionnaire de la Bible ou concordance raisonnée des Saintes Écritures, Par. 1849, 2 vol.

15 Bickersteth, (E.) Guide pour la lecture de la Bible, 1840.

16 Munier, (D.) Conférences sur la lecture de l'Écriture Sainte, Par. et Gen. 1851.

17 Frij, (Car.) Guide pour la lecture de la Bible (trad. de l'Angl.), Gen. 1840.

18 Boucher, (Ph.) l'Homme en face de la Bible, Par. 1841.

19 Gurney, (J. J.) La Bible jugée par l'expérience de l'homme (trad. de l'Angl.), Nismes, 1834.

20 Constant, (Mad. R. de) Le compagnon de la Bible, Par. et Gen. 1847.

21 Poulain, (N.) Les avantages de la lecture des Écritures Saintes, deux conférences. Laus 1857.

22 Zahn, Verzameling van Bijbelplaatsen (uit het Hoogd.), Leijd. 1843.

23 Molenaar, (D.) Prakticale Bijbelbeschouwing, 8 dln., Amst. 1833—1840.

24 Sprague, (S. W. R.) Les Oracles vivants, Par. et Toul. 1845.

(Ancien Testament).

25 Costa, (Mr. I. da) Voorlezingen over de waarheid en waardij der schriften van het O. Testament, Leijd. 1843.

26 Grandpierre, (J. H.) Essai sur le Pentateuque, etc. Par. 1844.

27 Schroeder, (F. J. W.) Le premier livre de Moïse traduit et abrégé par C. Bastie.

28 Henry et Scott, Commentaire sur le livre des Pseaumes (trad. de l'Angl.), Gen. 1839.

29 Luther, (M.) Explication du Pseaume LI (trad. du latin), Toul. 1841.

30 Rougemont, (F. de) Explication du livre de l'Ecclésiaste, Neuch. 1844.

31 Jérémie, prédicateur de la justice, par le comte de Zinzendorf, Laus. et Gen. 1850.

32 Gaussen, (L.) Daniel le prophète exposé dans une suite de leçons, Par. 1848, 3 vol.

33 Bergeries, (J. G. des) Moïse sans voile, Gen. 1825.

34 Guers, (E.) Le Camp et le Tabernacle du désert ou Christ dans le culte Lévitique, Gen. Laus. 1844.

35 Keith, (A.) Les prophéties et leur accomplissement (trad. de l'Angl.), Par. 1838.

36 Les Promesses de Dieu, d'après S. Clarke, Par. 1842.

37 Exposition des principaux types de l'ancien Testament.

(Nouveau Testament.)

38 Cellérier, (J. E.) Essai d'une introduction critique au N. Test., Gen. 1832.

39 Olshausen, (H.) l'Authenticité du N. Test. (trad. de l'Allem.), Par. Gen. 1851.

40 Bogue, (D.) Essai sur la divine autorité du N. Test. (trad. de l'Angl.), Par. 1803.

41 Chenevière, (M.) De la div. autorité des écrivains et des livres du N. Test., Par. et Gen. 1850.

42 Jalaguier, (P.) Inspiration du N. Test., Par. 1851.

43 Preuves de l'Inspiration des Apôtres, Gen. 1836.

44 Calvin, (Jean) Commentaires sur le N. Test., 4 vol., Par. 1854, 1855.

45 Mélanges Évangéliques. Considérations sur divers passages du N. T., Gen. et Par., 1828, 1829.

46 Barnes, (A.) Notes explicatives et pratiques sur les Évangiles (publié par N. Roussel), 2 vol. Par. 1855.

47 Costa, (Mr. I. da) Voorlezingen over de verschei-
denheid en overeenstemming der vier Evangeliën, 2 dln.,
Leijd. 1841.

48 Roussel, (N.) l'Évangile de St. Luc, avec les Épitres
aux Romains, aux Galates, aux Hébreux et de St.
Pierre, Par. 1850.

49 Olshausen, (H.) Commentaire Biblique sur l'Évangile de St. Jean (trad. de l'Allem.), Neuch. 1844.

50 Costa, (Mr. I. da) Voorlezingen over de Handelingen
der Apostelen, 3 dln., Amst. 1827.

51 Hodge, (C.) Commentaire sur l'Épitre aux Romains
(trad. de l'Angl.), 2 vol., Par. 1840.

52 Explication simple et pratique de l'Épitre de St. Paul
aux Romains, Par. et Toul. 1848.

53 Momeron, (H.) Analyse et paraphrase des deux
Épitres aux Corinthiens, Par. 1851.

54 Riew, (J. G.) Courte analyse de l'Épitre de St. Paul
aux Galates, Par. 1829.

55 Rilliët, (A.) Commentaire de l'Épitre de l'Apôtre
Paul aux Philippiens, Gen., Par. et Leipzig 1841.

56 Néander, (A.) Commentaire pratique sur l'Épitre aux
Philippiens, trad. par E. de Pressensé, Par. 1850.

57 Cellérier, (J. E.) Étude et commentaire sur l'Épitre
de St. Jacques, Gen. Par. 1850.

58 Neander, (A.) Explication pratique de l'Épitre de
St. Jacques, Par. 1851.

59 Leighton, (R.) La vie chrétienne. Exposition pratique de la 1e Épitre de St. Pierre (trad. de l'Angl.),
2 vol., Par. 1844.

60 Neander, (A.) La première Épitre de St. Jean,
explication pratique (trad. libr. de l'Allem.), Par. 1854.

61 Arnaud, (E.) Recherches critiques sur l'Épitre de
St. Jude, Strasb. et Par. 1851.

62 Carte prophétique du monde, et deux extraits des „Pensées sur l'Apocalypse" de B. W. Newton, Par. 1848.

B.

HISTOIRE SAINTE.

1 Coquerel, (A.) Histoire sainte et analyse de la Bible, Par. 1839.

2 —————————— Biographie Sacrée, Val. 1837.

3 Fraissinet, (C.) Nouvelle Histoire Sainte, Par. 1842.

4 Entretiens sur l'Histoire Sainte, Par. 1844.

5 Dupuy, (A.) Nouveau cours d'Histoire Sainte, accompagné d'applications dogmatiques et morales, Par. 1848.

6 Hubner Histoires bibliques, Neuch. 1842.

7 Zahn, (F. L.) Bijbelsche geschiedenissen (uit het Hoogd.) 's Hage. 1842.

8 —————————— Histoire Sainte (trad de l'Allem.) 2 vol. Laus. 1842.

9 Considérations bibliques, Gen. 1850.

10 Récits de l'Ancien et du Nouveau Testament, Paris. 1851.

11 Maltey, (E) Moeurs et coutumes bibliques (trad. de l'Angl.), Par. 1848.

12 Braem, (A.) Description de la Terre Sainte (trad. de l'Allem.), Neuch. 1837.

13 Segond, (L.) Géographie de la Terre Sainte, Par. 1850.

14 Risler, (J.) Abrégé historique des livres de l'A. Test., Toul. 1828.

15 Récits scripturaires ou simples méditations sur quelques portions de l'A. Test. 4 vol., Val. 1839.

16 Montandon, (L.) Études des récits de l'A. Test., Par. 1848.

17 Rougemont, (F. de) Histoire de la terre d'après la Bible et la géologie, Gen. 1856.

18 —————————— Le peuple primitif, sa religion son histoire et sa civilisation. Tom. I-III, Gen. 1855.

19 Galerij der Bijbelsche vrouwen uit het aartsvaderlijk tijdperk. Gron. 1843.

20 l'Appel de Dieu ou ·réflexions sur Abraham et Lot (trad. de l'Angl.), Par. et Gen. 4851.

21 Krummacher, (F. W.) Élisée fils de Saphat (trad. de l'Allem.), Laus. 1850.

22 Guers, (E.) Jonas fils d'Amittaï, Par. et Toul. 1846.

23 Helons bedevaart naar Jeruzalem. Uit het Hoogd. van F. Strauss. door Mevr. Kleijn, geb. Ockerse, Amst. 1843. 2 deelen.

24 Vulliemin, (L.) Essai historique sur l'Évangile, Gen. et Par. 1828.

25 Roussel, (N.) Scènes Évangéliques ornées de 20 belles gravures sur acier, Par. 1842.

26 Montandon, (A. L.) Notes explicatives sur les récits du N. Test. 1e partie, Par. 1853.

27 Néander, (A.) Vie de Jésus trad. par P. Goy, Par. 1852.

28 Herwerden, (H. van) 's Heilands verzoeking in de woestijn, Amst. 1786.

29 Bonnet, (L.) La famille de Béthanie, Par. et Gen. 1834.

30 Explication des Paraboles du N. T., Toul. 1839.

31 Buisson, (E.) Les paraboles de l'Évangile, Par. et Gen. 1848.

32 Olshausen, (H.) Commentaire Biblique sur l'hist. de la passion du Seigneur (trad. de l'Allem.), Neuch. 1845.

33 Heldring, (O. G.) Hoe Simon Bar-Jona aan de hand van Jezus Petrus geworden is, Leijd. 1843.

34 Costa, (Mr. I. da) Paulus, eene schriftbeschouwing, Leijden. 1847. 2 deelen.

35 Beets, (N.) Paulus in de gewigtigste oogenblikken zijns levens en werkzaamheden voorgesteld, Haarl. 1855.

C.

DOCTRINE CHRÉTIENNE.

(Apologie.)

1 Sauset, (E.) La cité de Dieu de St. Augustin (trad. nouvelle), 4 vol., Par. 1855.

2 Paley, (W.) Tableau des preuves évidentes du christianisme (trad. de l'Angl.), Laus. 1806. 2 vol.

3 Whately, Leçons faciles sur l'évidence du Christianisme, Laus. 1840.

4 Tournier, (L.) et D. Munier, Conférences sur la divinité du Christianisme, Gen. et Par.

5 Porteus, (B.) Heureux effets du Christianisme, Par. 1808. (trad. de l'Angl.)

6 Sinclair, (H.) Brief over de gronden van het Christelijk geloof (uit het Engelsch), Amsterd. 1835.

7 Abbadie, Traité de la vérité de la Religion Chrétienne, Rott. 1701. 5 vol.

8 Chalmers, (Th.) Het bewijs en gezag der Christelijke openbaring, Haarl. 1820.

9 ——————————— Des preuves et de l'autorité de la Révélation Chrétienne, Toul. 1836.

10 ——————————— Leerredenen over de Christelijke openbaring in verband beschouwd met de hedendaagsche sterrekunde, Haarl. 1819.

11 ——————————— Discours sur la Révélation Chrétienne en harmonie avec l'astronomie moderne (trad. de l'Angl.), Par. 1827.

12 Leslie, (C.) le déïsme réfuté. Par. 1837.

13 Coquerel, (A.) Réponse au livre du Docteur Strauss „La vie de Jésus," Par. 1848.

14 Ditton, (H.) La Religion Chrétienne prouvée par la résurrection du Christ. (trad. de l'Angl.), Amst. 1728.

15 Toluck, (A.) Guido et Julius (trad. de l'Allem.), Neuch. 1842.

16 Chaufepié, (J. G. de) La vérité de la Religion Chrétienne prouvée par l'état actuel des Juifs. Amst. 1756.

(Doctrine Chrétienne en géneral.)

17 Calvin, (J.) Institution Chrétienne, 3 vol., Gen. 1818.

18 Martin, (M.) Traité de la Religion révélée. Leeuw. 1749. 2 vol.

19 Mélanges Évangéliques. Considérations sur la doctrine et morale du N. Test, Gen. et Par. 1828, 1829.

20 Scott, (Th.) Essais sur les sujets les plus importants de la religion (trad. de l'Angl.), Toul 1836. 2 vol.

21 La Religion Chrétienne exposée d'après la Parole de Dieu, Toul. 1842.

22 Scott, (Th.) Beschouwingen over de gewigtigste waarbeden der Christelijke godsdienst (uit het Eng.), 2 deelen. Amst. 1842.

23 Coquerel, (A) Le Christianisme expérimental, Par. 1847.

24 Channing, (W. E.) Traités religieux par E. Laboulaije, Par. 1857.

25 Egeling, (L.) De weg der zaligheid, Amst. 1832. 2 deelen.

26 Diodati, (E.) Essai sur le Christianisme, Gen. et Par. 1830.

27 Ullmann, De l'essence du Christianisme (trad. de l'All. par A. Sardinoux), Par. 1857.

28 Pressensé, (E. de) Conférences sur le Christianisme dans son application aux questions sociales, Par. 1849.

29 Gougnard, (J.) Quatre conférences sur le Christianisme. Gen. 1855.

30 Spring, (Gardiner) Les caractères du vrai Christianisme, Par. et Toul. 1844.

31 Burnier, (L.) Abrégé de la doctrine du salut. Laus. 1843.

32 Le Catholicisme primitif.

33 B r u c h, (Dr. F.) Christianisme et foi Chrétienne. Lettres sur quelqnes sujets religieux, (trad. de l'Allem. par A. C a z a u x.) 2 vol. Nismes. 1854 et 1855.

34 B a r t h o l m è s s (C.) Il y a Sauveur et Sauveur. Par. 1851.

(Dogmes différents.)

35 C l a r k e, (S.) Traités sur l'existence de Dieu, 3 vol. Blois. 1825. (trad. de l'Angl.)

36 J o n e s, (W.) La doctrine de la Trinité (trad. de l'Angl.), Toul. 1839.

37 P a r r y, (E.) Pensées sur le caractère paternel de Dieu (trad. de l'Angl.), Par. 1843.

38 M o u l i n i é, (C. E. J.) Les leçons de la Parole de Dieu sur l'étendue et l'origine du mal dans l'homme, Gen. 1821.

39 Le péché originel et la grâce, ou l'homme entre Dieu et Satan, Par. et Toul. 1840.

40 A b b a d i e, Traité de la divinité de Notre Seigneur Jésus Christ, Rott. 1709.

41 Z i m m e r m a n, (J. L.) De uitnemendheid der kennis van Jezus Christus, Amst. 1782.

42 La miséricorde de Dieu manifestée en Jésus Christ, (trad. de l'Angl.), Toul. 1828.

43 La miséricorde de Dieu manifestée en Jésus Christ, (trad. de l'Angl. par Mad. E s t e l l e F a l l e née Chabran, precédée d'une notice de sa vie,) Par .et Toul. 1846.

44 H e r s c h e l l, (R. H.) l'Oeuvre du Messie (trad. de l'Angl.), Par. 1853.

45 S p a n g e n b e r g, (A. G.) l'Excellence de l'Evangile ou exposition de la Parole de la croix (trad. de l'Allem.), Toul. 1833.

46 U l l m a n n, De la sainteté parfaite de Jésus Christ (trad. de l'Allem. par T. Bost), Par. 1856.

47 M a r t i n, (J.) Conférences sur la Rédemption, 2 vol., Par. 1846.

48 Sartorius, De la personne et de l'oeuvre du Christ (trad. de l'Allem.), Neuch. 1843.

49 Boucher, (Ph.) Les harmonies de la croix, Par. 1851.

50 Bonnet, (L.) Le bienfait de Jésus Christ crucifié.

51 Beman, (N. S. S.) l'Expiation (trad. de l'Angl.), précédée d'un discours sur la doctrine de la substitution, par Ph. Boucher, Par. et La Haye. 1853.

52 Privat, (L. A.) Le monde — le règne. Développement des deux articles du symbole: „Il viendra de là pour juger les vivants et les morts" et „la résurrection de la chair." Toul. et Par. 1849.

53 De l'oeuvre du St. Esprit. Par. 1843.

54 Le siècle présent et le siècle à venir.

55 Boucher, (Ph.) Ciel et terre, La Haye. 1853.

D.

CONTROVERSE.

1 Drelincourt, Abrégé des controverses, Par. 1827.

(Avec l'Église Romaine.)

2 Quinet, (E.) Oeuvres de Marnix de St. Aldegonde, 6 vol., Brux. 1857.

3 Hoefling et Olshausen, l'Esprit du Protestantisme, Neuch. 1843.

4 Roussel, (N.) Que croient les Protestants? Laus. 1845.

5 Cuvier, (R.) Catéchisme des doctrines distinctives de l'Église Évangélique Protestante et de l'Église Catholique Romaine, (trad. de l'Allem.), Par.

6 Goguel, (G.) Les principales différences de l'Église Protestante et de l'Église Catholique, Par. 1848.

7 Conférences sur les principes de la foi réformée, prêchées à Genève, 1854.

8 Claude, (Jean) Défense de la Réformation contre le livre intitulé: „Préjugés légitimes contre les Calvinistes," Par. et Nismes , 1844.

9 Voeux, (des) Défense de la Religion réformée, 4 vol., Amsterd. 1735.

10 Viguié, (A.) Le principe chrétien de la réformation. Conférences , Par. 1856.

11 Archinard, (A.) Le Catéchisme de l'Église de Genève défendu etc., Gen. 1853.

12 Les enseignements de l'Église Romaine comparés avec les Saintes Écritures, Par. et Toul. 1847.

13 Lecerf, Le Protestantisme et la Société, Par. 1853.

14 Roussel, (N.) Les nations Catholiques et les nations Protestantes comparées sous le triple rapport du bien-être, des lumières et de la moralité, 2 vol., Par. 1854.

15 Rome payenne, Brux. 1838.

16 G. W., La superstition n'est pas la foi ou l'incrédulité du Romanisme (trad. de l'Angl.), Par. 1856.

17 Bost, Appel à la conscience de tous les Catholiques-Romains, Toul. 1840.

18 Traités Roussel, Par. 1848.

19 Moulin, (P. du) Bouclier de la foi, Par. 1846.

20 Puaux, (N. A. F.), l'Anatomie du Papisme, Par. 1846.

21 Gasparin, (A. de) Christianisme et Paganisme, Par. 1848.

22 Taillefer, (L.) Le Chrétien biblique ou Jésus accusé de Paganisme, réponse à l'écrit de Mr. le Comte A. de Gasparin intitulé „Christianisme et Paganisme," Laus. Gen. 1854.

23 Racine, (E. M.), Conversation amicale entre des Protestants et des Catholiques etc., Brux. 1844.

24 Malan, (C.) Pourrai-je jamais entrer dans l'Église Romaine, aussi longtemps que je croirai toute la Bible? Par. 1844.

25 Malan, (C.) Ik heb Rome en zijne altaren verlaten (uit het Fransch door T. M. Looman), Amst. 1844.

26 Briette, (E.) Mes adieux à Rome, 1843.

27 Trivier, Exposé des motifs qui m'ont fait sortir de l'Église Romaine, Par. 1845.

28 Archinard, (A.) Les origines de l'Église Romaine, Par. 1852.

29 Renoult, (J. B.) Histoire des variations de l'Église Gallicane, Par. 1837.

30 Fleming, (R.) l'Origine et la chute de Rome papale (trad. de l'Angl. par Mad. Girod), Liège 1849.

31 Pressensé, (E. de) Le Catholicisme en France, Par. 1851.

32 Michelet et Quinet, Des Jésuites, Par. 1843.

33 L. D. S., Papisme et Jésuitisme. Lettres de Rome (trad. de l'Italien), Gen. Par. 1854.

34 l'Inquisition à Rome en 1841, Par. 1844.

35 Bungener, (F.) Rome à Paris. Lettre à Mgr. l'Archévêque, Par. 1855.

36 La Bible en Toscane ou épreuves et persécutions des époux Madiaï, Par. 1852.

37 Réponse de quelques membres de l'Église Chrét. réformée au mandement de l'Archévêque de Toulouse, Toul. 1838.

38 Kirwan, Lettres à un évêque, Par. 1848.

39 Lettres à mon curé, Gen. Par. 1854.

40 Hartley, (J.) Apostasie Romaine. Discours et réponse au mandement de l'Archévêque de Tours pour le carême de 1837, Toul. 1841.

41 Poulain, (N.) Réponse aux accusations du R. P. Carboy contre le protestantisme, Par. 1854.

———

42 Oster, (J.) Du droit de tout homme de lire la Bible, Toul. 1841.

43 Monod, (G.) Essai sur le droit de tout homme de lire la Bible, Toul. 1842.

44 Girod, (D.) Avertissement aux Catholiques sur la Bible, Liège 1842.

45 Monod, (A.) Lucile ou la lecture de la Bible, Par. 1842.

46 Dois-je lire la Bible? (ancienne homélie), Toul. 1847.

47 Gaussen, (S. R. L.) Le Souverain Pontife et l'Église de Rome, Par. 1843.

48 ——————————— De opperkerkvoogd en de kerk van Rome (uit het Fransch door T. M. Looman), Amst. 1844.

49 Les bulles, ou la religion des papes, Toul. 1842.

50 Bost, (J. A.) Petit abrégé de l'histoire des papes, Par. 1853.

51 Doctrine de l'Écriture Sainte sur le culte de Marie, Par. 1835.

52 Coquerel, (A.) Un dogme nouveau, Par. 1856.

53 ——————————— Le culte de la Vierge, Par. 1856.

54 Reed, (Mll.) Six mois dans un couvent (trad. de l'angl.), Gen. Laus. 1839.

55 Moulin, (P. du) Anatomie de la messe, Par. 1846.

56 Desanctis, (L.) La confession, essai historique, dogmatique (trad. de l'Italien par H. Maubert), Par. Berne 1854.

57 La conscience d'un prêtre et le pouvoir d'un évêque, ou droit imprescriptible des principes, Par. 1856.

58 Coquerel, (A.) Traité des mariages mixtes. Par. 1857.

(Controverse dans l'Église Protestante.)

59 Nes, (C.) Antidote contre l'Arminianisme, Par. et Brux. 1838.

60 Félice, (G. de) Avertissement aux Églises réformées de France contre l'universalisme, Toul. 1841.

61 Durand, (L.) Jésus Christ Dieu-homme ou homme-Dieu, Par. 1850.

62 Lenoir, (J.) Essai biblique, historique et dogmatique sur le baptême des enfants, Par. 1856.

2*

63 Luttéroth, (H.) Le jour de la préparation. Lettre sur la chronologie pascale, Par. 1855.

64 Des corporations monastiques au sein du protestantisme par l'auteur du „*mariage au point de vue chrétien.*", 2 vol. Par. 1855.

65 Schérer, (E.) La critique et la foi, Par. 1850.

66 Bonnet, (L.) La critique et la foi. Deux lettres à Mr. E. Schérer, Gen. Par. 1851.

67 M. Schérer, ses disciples et ses adversaires, Par. 1854.

68 Gasparin, (le comte A. de) La bible défendue contre ceux qui ne sont ni disciples ni adversaires de Mr. Schérer, Par. 1854.

69 Merle d'Aubigné, (J. H.) Le témoignage de la théologie ou le biblicisme de Néander, Toul. 1851.

70 Pozzy, (D.) L'Église et la secte, Par. 1854.

71 Montandon, (A. L.) l'Exclusisme considéré au point de vue de l'Église Protestante. Réplique au discours de M. A. Monod: *exclusisme ou l'unité de la foi.*

72 l'Esprit Chrétien et l'Esprit sectaire du XIXme siècle, Par. 1854.

73 Roussel, (N.) Réformes dans la réforme, Par. 1850.

74 Rollin, (M.) Vues sur la nécessité de la réorganisation de l'Église réformée et sur les moyens d'y parvenir, Par. et Gen. 1850.

75 Mellet, (V.) Réplique à Mr. Meston ou défense de l'anti-sabbatisme, Par. 1852.

76 Adresse aux membres des Églises réformées de France, Par. 1848.

77 Monod, (A.) Pourquoi je demeure dans l'Église établie? Par. 1849.

78 Gasparin, (le Comte A. de) Réponse à Mr. Monod, Par. 1848.

79 Bonnet. (L.) l'Unité de l'Esprit par le lien de la paix, Par. 1847.

E.

PHILOSOPHIE CHRÉTIENNE ET LITTÉRATURE.

1 Necker, (M.) De l'importance des opinions religieuses, Liège 1788.

2 Vinet, (A) Essai sur la manifestation des convictions religieuses et sur la séparation de l'Église de l'état avec la réponse de Mr. J. H. Grandpierre, Par. 1842

3 ——————— Liberté religieuse et questions ecclésiastiques, Par. 1854.

4 Secrétan, (J.) La philosophie de la liberté, Par. 1847. 2 vol.

5 De la Borde, (J.) Liberté religieuse. Mémoires et plaidoyers, Par. 1854.

6 Simon, (J.) La liberté de conscience, Par. 1857.

7 Leblois, (L.) De la liberté Chrétienne et du protestantisme, Par. 1855.

8 Pédézert, (M. J.) De la liberté illimitée de l'enseignement dans l'Église, Par. 1853.

9 Secrétan, (Ch.) Recherches de la méthode qui conduit à la vérité, Neuch. et Par. 1857.

10 Reynoud, (J.) Philosophie religieuse. Terre et ciel, Par. 1854.

11 Matter, (M.) La philosophie de la religion, 2 vol., Par. 1857.

12 Curchod, (A.) Christianisme et individualisme, Par. 1854.

13 Colani, (T.) L'individualisme chrétien, Strasb. 1856.

14 Hall, (Robert) l'Incrédulité moderne en ses effets, Toul. 1838.

15 Gasparin, (le comte A. de) Les écoles du doute et l'école de la foi, Gen. et Par. 1853.

16 Bartholmess, (C.) Huët, Évêque d'Avranches, ou le scepticisme théologique, Par. 1850.

17 Pilatte, (E.) Petit discours sur le communisme et le Christianisme, Par. 1849.

18 Fleury, (A.) St. Paul et Sénèque. Recherches sur les rapports du philosophe avec l'apôtre, 2 vol. Par. 1853.

19 Brunel, (H.) Avant le christianisme ou histoire des doctrines religieuses et philosophiques de l'antiquité, Par. 1854.

20 Ritter, (H.) Considérations générales sur l'idée et le développement historique de la philosophie Chrétienne (trad. de l'Allem.), Par. 1851.

21 Matter, (M.) Histoire de la philosophie dans ses rapports avec la religion depuis l'ère chrétienne, Par. 1854.

22 Bartholmess, (C.) Histoire critique des doctrines religieuses de la philosophie moderne, 2 vol., Par. 1855.

23 ——————————— Histoire philosophique de l'académie de Prusse, depuis Leibnitz jusqu'à Schelling, particulièrement sous Frédéric-le-Grand, 2 v., Par. 1851.

24 Lanfrey, (P.) l'Église et les philosophes du XVIIIme siècle, Par. 1855.

25 Gasparin, (le comte A. de) Des tables tournantes, du surnaturel en général et des esprits, 2 vol. Par. 1854.

26 De l'habitude et de la discipline, (trad. de l'Angl.) Par. 1850.

27 Vinet, (A.) Études sur Blaise Pascal, Par. 1848.

28 Lescoeur, (Léon) l'Ouvrage de Pascal contre les athées, 1e partie: de la méthode philosophique de Pascal, Dyon 1850.

29 Havet, (E.) Pensées de Pascal, précédées de la vie de Pascal, Par. 1852.

30 Vinet, (A.) Études sur la littérature Française, 3 vol., Par. 1840.

31 Vinet, (A.) Histoire de la littérature Française du XVIIIme siècle, Tom. I et II, Par. 1853.

32 Sayous, (A.) Études littéraires sur les écrivains Français de la réformation, 2 vol., Par. 1841.

33 Sayous, (A.) Histoire de la littérature Française à l'étranger, vol. 1 et 2. Par. 1841.

34 —————— Études littéraires sur les écrivains Français de la réformation. 2 vol., Par. 1851.

35 Theodore de Bèze, Tragédie Française du sacrifice d'Abraham. (réimprimé sur l'édition de 1576), Gen. 1856.

F.

MORALE ET VIE CHRÉTIENNE.

1 Vitringa, (M. C.) Essai de théologie pratique, Amst. 1721.

2 Chaufepié (J. G. de) La pratique des vérités chrétiennes, Amst. 1760.

3 Leblois, (L.) De l'harmonie entre la connaissance de Dieu et la vie du Chrétien, Par. 1855.

4 Taylor, Esquisses morales et religieuses. 1840.

5 Guizot, Méditations et études morales, Par. 1852.

6 Boucher, (Ph.) Études intimes sur la vie morale, Par. La Haye 1854.

7 Schaeffer, (A.) De la morale chrétienne de Schleiermacher.

8 Monnard, (Ch.) Du droit et du devoir. Gen. Par. 1854.

9 Bastie, (C.) De l'affaissement du sens moral et des moyens de le réléver, Par. 1857.

10 Montandon, (A. L.) Étude élémentaire du décalogue ou premières esquisses des devoirs de la religion, Par. 1845.

(Foi et Piété.)

11 Martin, (J.) Études sur la foi, en six conférences, Par. 1851.

12 Hoekstra, (S.) Het geloof des harten volgens het Evangelie, Rott. 1858.

13 Het geloof en leven van den Christen, naar aanleiding van Draesekes Glaube, Liebe, Hoffnung, Amst. 1845.

14 Dardier, (Théophile) La conversion ou le salut du peuple, Par. Toul. 1849.

15 Des conversions incomplètes ou conseils à tous ceux à qui il manque une chose, par un magistrat, Par. Toul. Londr. 1848.

16 Witherspoon, (John) Traité pratique sur la régénération. Toul. Par. 1850.

17 Doddridge, Les commencements et les progrès de la vraie piété (trad. de l'Angl.), Neuch. 1829.

18 Entretiens de deux amies sur l'essence de la vraie piété, Gen. 1826.

19 Pike, La seule chose nécessaire ou l'importance de la piété prouvée par des faits, Par. Toul. 1845.

20 ——— Le Chrétien dans la vie spirituelle (trad. de l'angl.), Par. Toul. 1845.

21 Moulinié, (C. E. F.) l'Homme selon la Bible, Gen. 1835.

22 l'Intolérance ou conseils aux ennemis de la piété. Par. Toul. 1846.

23 Le Chrétien biblique, Gen. 1844.

24 Bouvier, (A.) Le Chrétien ou l'homme accompli. Conférences, Gen. Par. 1857.

25 Hodge, (C.) Pardon et sainteté (trad. de l'angl.), Par. Toul. 1845.

26 Lucas, La perfection du Chrétien.

27 Pruijs van der Hoeven, (C.) Levensstudiën, Utr. Amst. 1857.

28 Puaux, Essai sur la religion des gens du monde, Par. 1855.

29 Wilbeforce, (U.) Le Christianisme des gens du monde, mis en opposition avec le véritable Christianisme. 2 vol. Par. 1821.

30 Quelques défauts des Chrétiens d'aujourd'hui par l'auteur du „mariage au point de vue chrétien," Par. 1853.

31 Mason, (J.) Traité de la connaissance de soi-même, Amst. 1765.

32 Lavater, (G.) Journal d'un observateur de soi-même (trad. de l'allem.), Neuch. 1843.

33 J. D., Mort ou vivant? Question adressée à chacun, Gen. 1851.

(Vie religieuse.)

34 Saurin, Traité de l'amour pour Dieu, Amst. 1700. 2 vol.

35 Gurney, (J. J.) Essai sur l'exercice habituel de l'amour de Dieu (trad. de l'angl.), Par. 1839.

36 Hannah More, l'Esprit de la prière (trad. de l'angl.) Gen.

37 Martin, (J.) Conférences sur la prière, Par. 1849.

38 Montandon, (A. L.) Étude élémentaire de l'oraison dominicale et des sacrements, Par. 1851.

39 Chapelle, (de la) La nécessité du culte public, La Haye 1746.

40 Roussel, (N.) Le culte du Dimanche, Par. 1847.

41 Whately, Introduction à l'histoire du culte (trad. de l'angl.), Dieppe 1849.

42 La perle des jours, ou les avantages du jour de repos pour les classes ouvrières, Par. Toul. 1849.

43 Lenoir, (J.) Le Sabbat est fait pour l'homme. Par. 1850.

44 Haldane, (R.) De l'obligation permanente d'observer le jour du Seigneur, Toul. 1843.

45 Martin, (J.) Une feuille de l'arbre de vie ou institution du jour du repos, Par. Toul. 1850.

46 Panchaud, (E.) De la célébration de la Sainte Cène dans ses rapports avec l'union des enfants de Dieu, Brux. et Par. 1846.

47 Superville, (D. de) Le vrai Communiant, Amst. La Haye 1735.

48 Exercices de piété pour la communion.

(Vie Sociale.)

49 Moulinié, (C. E. F.) Explication des caractères de la charité selon St. Paul, Gen. 1824.

50 La Sympathie chrétienne ou lettres et écrits de la Vicomtesse F. A. Powerscourt (trad. de l'angl.), Par. 1845.

51 Van Calcar, (Mevr. Elize) Tabitha, Armoede en Weldadigheid.

52 Reitsma, (T.) Armoede en Christendom. Gron. 1856.

53 Il y a des pauvres à Paris et ailleurs, Par. 1846.

54 Les amies des pauvres de Hambourg, Par. 1845.

55 Félice, (G. de) L'émancipation immédiate et complète des esclaves, Par. 1846.

56 Corbière, (P.) La réorganisation de la société par le rétablissement des idées morales, Toul. Par. Lond. 1850.

57 Buisson, (E.) La Société considérée dans le rapport de ses divers éléments avec le progrès moral de l'humanité, Par. Gen. 1851.

58 ————— L'homme, la famille et la société, 3 vol. Par. 1857.

59 Chalmers, (Th.) Application des principes du christianisme au commerce de la vie (trad. de l'angl.), Gen. 1824.

60 Caird, (John) De la religion dans les choses de la vie usuelle (trad. de l'angl.), Par. 1856.

61 Schmidt, (C.) Essai historique sur la société civile dans le monde Romain et sur sa transformation par le Christianisme, Strasb. Par. Leipzig 1853.

62 Mercier, (E.) De l'influence du bien-être matériel sur la moralité des peuples modernes, Par. 1854.

63 Laurens, (H.) De l'agriculture au point de vue chrétien, Toul. 1851.

64 Harris, (M.) Mammon ou l'amour de l'argent (trad. de l'angl.), Laus. 1840.

65 B o n n a r d , (Z.) La passion des intérêts matériels au
point de vue chrétien, Par. et Toul. 1847.

66 Devoir du travail pour le Chrétien et sa nature,
Toul. 1856.

67 F é l i c e , (G. de) Le livre des villageois, Par. 1817.

(Vie de Famille.)

68 B u i s s o n , (E.) La famille, son influence sur le développement et le progrès de l'être moral, Par. et
Gen. 1849.

69 B e e t s , (N.) Het Huisgezin.

70 A b b o t h , (J.) La famille ou les devoirs et les joies
de la piété domestique (trad. de l'angl.) Par. et Gen. 1839.

71. G a s p a r i n , (Mad. A g e n o r de) Le mariage au point
de vue chrétien, ouvrage adressé aux jeunes femmes
du monde, Par. 1843.

72 De la condition essentielle d'un mariage selon le Seigneur, Lyon 1857.

73 La mission des femmes (trad. de l'angl.) Par. 1847.

74 V i n e t , (A.) l'Éducation, la Famille, et la Société,
Par. 1855.

75 G a u t h e y , (L. F. F.) De l'Éducation ou principes de
pédagogie chrétienne, vol. I. Par. 1855.

76 N e c k e r d e S a u s s u r e , (Mdm.) l'Éducation progres-
sive ou l'étude du cours de la vie, Brux. 1840. 3 vol.

77 C u v i e r , (Ch.) De la chose vraiment nécessaire en
éducation, Strasb. 1848.

78 l'Éducation du foyer, Par. 1850.

79 P i k e , (J. G.) Le vrai bonheur ou avantages d'une
éducation chrétienne (trad. de l'angl.), Toul. 1842.

80 F é l i c e , (G. de) Aux pères et aux mères, Toul. 1841.

81 R o c h a t , (A.) Esquisses d'une mère chrétienne, Par.
Neuch. 1847. 2 vol.

82 T o d d , (J.) Conseils aux mères, Par. 1845.

83 Du soin des petits enfants, Par. 1842.

84 F r ij, (C.) Sophie l'écouteur, critique de moeurs et d'éducation (trad. de l'angl.), Par. 1844.

85 A b b o t h, (J.) Le jeune chrétien (trad. de l'angl.) Par. 1834.

86 ——————— l'Enfant dans la maison paternelle (trad. de l'angl.) Par. 1839.

G.

SERMONS ET THÉOLOGIE PASTORALE.

1 A n g e, (J. Teissèdre l') Sermons, Amst. 1817.

2 ——————————— Sermon à l'occasion du 50me anniversaire de sa consécration au St. Ministère, Amst. 1843.

3 ——————————— et P. Chevallier, 3me jubilé de la Réformation, Amst. 1817.

4 A p e l, (W. Ternooy) Jezus Christus, de Koning van zijn Rijk, en de Heer zijner gemeente, Vliss. 1834.

5 A u d e b e z, (J. J.) en R o c h a t, (A.) Tweetal leerredenen uit het Fransch, Amst. 1839.

6 B a n k, (M. A. van der) Le Samaritain charitable rappelé au souvenir des Chrétiens de nos jours. Utr. 1852.

7 B e l l, (F. W. B. van) De weldadige invloed van het geheim verdriet, Amst. 1856.

8 B l u n t, (Henry) Douze méditations sur l'histoire d'Abraham (trad. de l'angl.), Par. 1845.

9 ——————————— Méditations chrétiennes sur la vie de Jacob (trad. de l'angl.) Par. 1845.

10 ——————————— Méditations chrétiennes sur le prophète Élisée (trad. de l'angl.), Par. 1845.

11 ——————————— Méditations sur la vie de St. Pierre, 2 vol. (trad. de l'angl.), Par. Toul. 1848.

12 ——————————— Méditations sur la vie de St. Paul. 2 vol. (trad. de l'angl.), Par. et Toul. 1847.

13 Blunt, (Henry) Méditations sur les trois premiers chapitres de l'Apocalypse (trad. de l'angl.), Par. 1846.

14 Bonnet, (L.) L'homme banni d'Éden, Par. 1834.

15 ——————— l'Oraison Dominicale, Par. 1837.

16 Boucher, (Ph.) La paix impossible, Par. Toul. 1845.

17 ——————— Doute et assurance, La Haye 1857.

18 Bouiller, (J. R.) Sermons sur divers textes de l'Ecriture Sainte, Amst. 1803. 4 vol.

19 Bouvier, (B.) Sermons, précédés d'une notice sur sa vie, Gen. Par. 1849.

20 Bridel, (P.) Explication de l'oraison dominicale en neuf méditations, Laus. 1846.

21 ——————— Les sept Paroles de Jésus Christ sur la croix, Laus. 1851.

22 Burnier, (L.) Instructions et exhortations pastorales, discours etc., Laus. 1842.

23 Cellérier, (J. J. S.) Sermons, homélies, discours familiers et prières, Par. 1845.

24 ——————— Discours familiers (4me édition), Par. 1845.

25 ——————— (J. E.) Vie intérieure, sermons, ou méditations chrétiennes, Par. 1852.

26 Chalmers, (T.) Sermons (trad. de l'angl.), Par. 1825.

27 Chavannes, (F. L. Fréd.) l'Église colonne et base de la vérité, La Haye 1842.

28 Coquerel, (A.) Sermons, 4me recueil, Par. 1843.

29 ——————— Le retour dans l'alliance. Deux Sermons sur 2 Chron. XV : 12, Par. 1845.

30 ——————— Liberté, Égalité, Fraternité. Par. 1848.

31 ——————— L'Oraison dominicale considerée comme un résumé du Christianisme, Par. 1850.

32 ——————— Le riche et le pauvre, Par. 1850.

33 ——————— La mort seconde et les peines éternelles, Par. 1851.

34 Coquerel, (A.) Sermons, 6me recueil, Par. 1852.

35 ――――――― La véritable paix de l'Église. Les ames qui périssent. Deux Sermons, Par. 1852, 1853.

36 Coquerel fils, (A.) Le culte tel que Dieu le demande, Par. 1853.

37 ―――――――――― Affirmation chrétienne, Par. 1854.

38 ―――――――――― Homélies, Par. 1855.

39 Claude, (J. J.) Sermons sur divers textes de l'Écriture Sainte, Amst. 1713.

40 Croll, (M. B.) Siège et délivrance de Samarie. Par. et Toul. 1846.

41 Detmar, (D. A.) Eenige eenvoudige godvruchtige bijbeloefeningen, Amst. 1828.

42 Echauzier, Sermons.

43 Gasparin, (le Comte A.) Trois discours. Gen. Par. 1857.

44 Gaussen, (L.) Gideon voor den Engel des Heeren. Amst. 1839.

45 ――――――― (J. R. L.) Sermons, Toul. 1841.

46 ―――――――――― Sermons, Toul. 1842.

47 ―――――――――― Sermons, Nouv. édition, augmentée de trois nouveaux Sermons, Par. et Toul. 1847.

48 ―――――――――― Sermons, (2me Série), Par. et Toul. 1847.

49 Grandpierre, (J. H.) Discours Évangéliques. Pratique chrétienne, Par. 1839.

50 ―――――――――― Discours Évangéliques. Vie chétienne, Par. 1839.

51 ―――――――――― Discours Évangéliques. Unité et variété, Par. 1842.

52 ―――――――――― Tristesse et consolation, Par. 1852.

53 Grandpiérre, (J. H.) Droefheid en vertroosting, Amst. 1839.

54 ——————————— Le guide du fidèle à la table sacrée, Par. 1841.

55 ——————————— De gids der geloovigen aan de tafel des Heeren. Amst. 1842.

56 ——————————— Le protestantisme dans la société, Par. 1851.

57 Guicherit, (J. J.) Sermons, Amst. 1797.

58 Huët, (Théod.) Sermons sur divers textes de l'Écriture Sainte, La Haye 1727. Amst. 1734. 2 vol.

59 —— (D. T.) Sermons, Rott. 1841.

60 ——————— Sermons de circonstance, Rott. 1848.

61 Kohlbrügge, (H. T.) La vérité dans le coeur (trad. de l'allem.), Gen. Par. 1851.

62 ——————————— Sermons sur les deux premiers chapitres de la 1e Épitre de St. Pierre (trad. de l'allem.) Par. Gen. Brux. 1853.

63 Krause, (W.) Les brebis du Seigneur. Sept sermons (trad. de l'angl.), Par. 1856.

64 Krummacher, (F. W.) Salomon et la Sulamite, Neuch. 1838.

65 ——————————— coup d'oeil dans le règne de la grâce. Toul. 1857.

66 Leeuw, (C. van der) Eenvoudige leerredenen, Utrecht 1802.

67 Lobstein, (J) Quelques maladies spirituelles décrites en douze méditations bibliques, Toul. 1852.

68 ——————— Dernières méditations (oeuvres posthumes), Par. 1855.

69 Lullin, (A.) Sermons, Gen. 1761. 1767. 2 vol.

70 Luther, (M.) Acht leerredenen tegen de geestdrijvers, Rott. 1836.

71 Malan, (C.) Le témoignage de Dieu; sermons etc. Par. 1838.

72 Manuel, (L.) Discours, Laus. 1829. 2 vol.

73 Martin, (J.) l'Oraison dominicale, Gen. 1840.

74 ——————— Sermons, Gen. 1844.

75 Martin Pachoud (J.) Liberté, vérité, charité, Par. 1813.

76 Marzials, (Th.) La foi grande, Par. Lille 1835.

77 Merle d'Aubigné, (J. H.) Foi et science, Par. et Gen. 1835.

78 ——————————— Confession du nom de Christ au XVIme et XIXme siècle, Par. Brux. 1830.

79 ——————————— Kerkredenen vertaald door Mr. W. Bilderdijk, met aant. Amst. 1853.

80 ——————————— La voix de l'Église une etc. Gen. 1834.

81 ———————————l'Église et la diète de l'Église, Berlin, Par. Gen. 1853.

82 Monod, (A.) Sermons, Par. 1844.

83 ——————— Pouvez vous mourir tranquille? Toul. 1841.

84 ——————— L'ami de l'argent, Par. 1843.

85 ——————— La femme, Par. 1848.

86 ——————— Qui a soif? Par. 1850.

87 ——————— Le plan de Dieu, Par. Lond. 1850.

88 ——————— Marie Magdelaine, Par. et Lond. 1851.

89 ——————— Donne moi ton coeur, Par. et Lond. 1851.

90 ——————— St. Paul. Cinq discours, Par. 1851.

91 ——————— l'Exclusisme ou l'unité de la foi, Par. 1853.

92 ——————— Jésus tenté au désert, Par. 1854.

93 ——————— Êtes vous chrétien — Trop tard. Deux sermons, Par. 1854.

94 ——————— Nathanael. Les grandes âmes. Par. 1856.

95 Monod (F.) Les sentiers des siècles passés. Discours prononcé la veille de l'ouverture du synode de 1848, Par. 1848.

96 Monod (H.) Sermons, Val. et Par. 1845.

97 Monod, (H.) Sermons, Par. 1848.

98 ——————— Sermons, (4e série), 1856.

99 ——————— Jésus enfant, modèle des enfants, Par. 1857. 2 sermons.

100 Peyran, (J.) Instructions et méditations sur divers textes des Écritures Saintes, Par. 1847.

101 Philarète, Oraisons funèbres, homélies et discours, Par. Laus. Gen. 1849.

102 Pressensé, (E. de) Le témoignage de la primitive Église à la vérité, Par. 1851.

103 ——————— Le Rédempteur, Par. 1854.

104 ——————— La famille chrétienne. Sermons, Par. 1856.

105 Réville, (A.) Solutions Évangéliques. Trois sermons, Par. 1853.

106 ——————— l'Église, les membres de l'Église et la vérité, Delft 1857.

107 Rochat, (A.) Discours et méditations sur diverses portions de la Parole de Dieu, Neuch. et Par. 1838.

108 ——————— Méditations sur quelques portions de la Parole de Dieu, Neuch. 1818.

109 ——————— Recueil de discours et de morceaux divers etc., Neuch. Par. Gen. 1838.

110 ——————— Sermons, Par. Toul. 1846.

111 ——————— Recueil de discours, (4e vol.), Neuch. Par. Gen. 1838.

112 ——————— Méditations sur le déluge, suivies d'un recueil de lettres, Neuch. 1848.

113 ——————— Méditations sur les XX premiers chapitres du 2 Livre des Chroniques, Par. 1846.

114 ——————— Méditations sur l'histoire d'Ezéchias, Neuch. Par. 1840.

115 ——————— Dieu invitant les pécheurs à se repentir et à croire, Neuch. Par. 1847.

116 Rossier, (L.) Le culte domestique.

117 Saintes, (Amand) Douze discours sur divers sujets de morale et de religion, Par. Gen. Hamb. 1847.

118 Saurin, (J.) Sermons choisis, précédés d'une notice sur sa vie, Par. 1854.

119 Saussaye, (Chantepie de la) Témoignages contre l'esprit du siècle. Six sermons, Amst. Leijde 1852.

120 ———————————————————— Trois sermons sur Rome, Leijde 1855.

121 Secrétan, (J. C. J.) Sermons sur quelques textes de l'Écriture Sainte, Amst. 1834.

122 Trottet, Discours Évangéliques, Par. 1853.

123 Vernède, (J. S.) Sermons, 4 vol., Amst. 1779.

124 Verny, (E.) l'Unité de l'Église, Par. 1854.

125 ——————— Sermon pour l'ouverture de la session du consistoire supérieur de l'Église de la confession d'Augsbourg, *interrompu par la mort de l'orateur.*

126 Vidal, (F.) La loi de Dieu, Par. 1847.

127 Vinet, (A.) Discours sur quelques sujets religieux, Par. 1836.

128 ——————— Nouveaux discours sur quelques sujets religieux, Par. 1841.

129 ——————— Études évangéliques, Par. 1847.

130 ——————— Nouvelles études évangéliques, Par. 1857.

131 ——————— Méditations évangéliques, Par. 1849.

132 ——————— Les enfants de Dieu, Bâle 1836.

133 ——————— Simon Pierre, Laus. 1842.

134 Werenfels, (S.) Sermons sur les vérités importantes de la religion, 2 vol. Amst. 1716, 1744.

135 Sermons évangéliques, Par. 1839.

136 Un recueil de divers discours.

137 Tout va bien! ou appréciation que la foi fait des épreuves que Dieu dispense à ses enfants, Par. 1847.

138 Bungener, Christ et le siècle. Quatre discours, Par. 1856.

139 Vinet, (A.) Théologie pastorale ou théorie du ministère évangélique, Par. 1850.

140 ——————— Homélitique ou théorie de la prédication,
Par. 1853.

141 Skinner, (Th.) Sommeil et réveil ou devoirs spé-
ciaux des pasteurs, (trad. de l'Angl.), Par. 1854.

142 Merle d'Aubigné, (J. H.) l'Ancien et le ministre,
Par. 1857.

143 Saladin, (C.) l'Ancien et son ministère dans l'Église,
Gen. 1857.

144 Roussel, (N.) Comment il ne faut pas prêcher.

145 Conseils aux personnes chargées de la direction des
écoles de Dimanche, Par. Toul. 1849.

146 Kündig, (E.) Les maladies et la mort. Récit d'expériences pastorales, Par. Strasb. 1857.

H.

ÉDIFICATION ET DÉVOTION.

(Livres d'édification.)

1 Adam, (Th.) Pensées chrétiennes, (trad. de l'Angl.),
Par. 1836.

2 Delessert, (B.) Le guide du bonheur ou recueil
de pensées etc., Par. 1840.

3 Cellérier, (J. J. C.) Pensées pieuses sur divers
sujets, Par. 1844.

4 Watts, Méditations pieuses, Par. 1845.

5 Monnard et Gence, Méditations religieuses pour
toutes les époques, circonstances et situations de la
vie d'après l'ouvrage allemand //Stunden der Andacht,"
6 vol., Brux. 1839.

6 Histoires et divers traités religieux, 5 vol.

7 Histoires et traités.

8 Collection de lettres chrétiennes, 3 vol., Gen. Par.
1827, 1828.

9 Gonthier, (F. A. A.), Lettres chrétiennes, 5 vol., Gen. 1836, 1837.

10 —————————————— Lettres à ses amis, Gen. 1836.

11 Ostervald, (J. R.), La nourriture de l'ame, Rott. 1786, Laus. 1823.

12 Correspondance de Newton et de Hannah More, (trad. de l'Angl.), Par. 1840.

13 Briefwisseling tusschen Newton en Hannah More, (uit het Eng.), Amst. 1842.

14 Newton, (J.) Lettres à ses amis, Par. 1843.

15 ——————— Cardiphonia, 3 vol., Par. 1832.

16 ——————— Vingt et une lettres, Par. 1834.

17 ——————— Omicron, 2 vol., Par. 1838.

18 Tholuck, Heures de recueillement chrétien, (trad. de l'Allem.), Par. 1844.

19 Beets, (N.) Stichtelijke uren, 4 dln. Haarl. 1848—1851,

20 Fénelon, Manuel chrétien, La Haye 1787.

21 Thomas à Kempis, l'Imitation de Jésus-Christ, Val. 1850.

22 Baxter, (R.) La voix de Dieu, (trad. de l'Angl.), Par. 1841.

23 ——————— Le repos éternel des saints, (trad. de l'Angl.), Par. 1833.

24 James, (J. A.) La recherche du salut, (trad. de l'Angl.), Par. 1842.

25 ——————— Bestuur en aanmoediging voor elk die ernstig de zaligheid zoekt, (uit het Eng.), Amst. 1841.

26 Chavannes, (F. L. Fréd.) Un messager de l'Évangile, Amst. 1849.

27 ————————————————— Un messager de la bonne nouvelle, Amst. 1850.

28 Essors divins d'une ame pieuse, Par. 1828.

29 Dumoulin, (P.) Traité de la paix de l'ame, Par. 1840.

30 Bogatsky, (C. H. von) Gouden schat der kinderen Gods, (uit het Hoogd.), Amst. 1839.

31 Hill, (Rich.) Les choses profondes de Dieu, (trad. de l'Angl.), Toul. 1840.

32 Le souvenir chrétien, Par. 1841.

33 La bonne nouvelle de la grâce de Dieu, (trad. de l'Angl.)

34 Bonar, (Horatius) La joie du matin, faisant suite à „une nuit dans les larmes," (trad. de l'Angl.), Par. 1855.

35 Lobstein, (F.) l'Anatomie du coeur, quinze méditations, Par. 1855.

36 Leblois, (L.) Notre Père qui es aux cieux; quelques réflexions sur les premières paroles de l'oraison dominicale, Par. 1855.

37 La joie d'Israël, Gen. Par. 1834.

38 Lodensteijn, (J. van) Beschouwingen Sions, 2 dln., Amst. 1839.

39 Hollaz, (D.) Le chemin de Sion, (trad. de l'Allem.), Neuch. 1842.

40 Bunyan, (J.) Le pélérinage du Chrétien, (trad. de l'Angl.), Par. 1831.

41 ——————— Le même ouvrage, édition illustrée, Brux. 1850.

42 ——————— Christiania et ses enfants, faisant suite au pélérinage du chrétien, (trad. de l'Angl.), Par. 1855.

43 Sherwood, (Mad.) Voyage et progrès de trois enfants vers la bienheureuse éternité, Par. 1850.

44 l'Héritage du Chrétien ou recueil de promesses tirées de l'Écriture Sainte, Par. et Toul. 1844.

(Livres d'édification pour le culte domestique.)

45 Roussel, (N.) Le culte domestique, Par. 1843.

46 Lobstein, (F.) l'Année chrétienne ou une parole sainte méditée pour chaque jour, 1e livr., Gen. 1854.

47 Pain quotidien pour les Chrétiens, Val. Par. 1846.

48 Commentaire pratique formant une série de courtes méditations sur le N. Test., 2 vol., Gen. Par. 1846.

49 Blunt, (H.) Méditations sur quelques chapitres de la Genèse, à l'usage du culte de famille, Par. Toul. 1848.

50 Réflexions pratiques sur les Pseaumes à l'usage du culte domestique, 2 vol., Val. 1843.

51 Harmonie des Évangiles. Méditations religieuses pour servir au culte de famille, 2 vol., Val. 1845.

52 Essai de méditations religieuses sur l'Évangile selon St. Matthieu, précédées et accompagnées de prières et pouvant servir à un culte de famille, Par. 1844.

53 Id. id. sur l'Évangile selon St. Luc, Par. 1848.

54 Id. id. sur l'Évangile selon St. Jean, Par. 1849.

55 Essai de méditations religieuses sur l'Évangile selon St. Luc, Par. 1843.

56 Sumner, (J. B.) Leçons explicatives et pratiques sur l'Évangile selon St. Jean, destinées au culte de famille, Toul. 1837.

57 —————————— Leçons explicatives et pratiques sur les Actes des Apôtres, destinées au culte domestique, Val. 1843.

(Consolation.)

58 Prières et courtes méditations à l'usage des malades.

59 Bouvier, (B.) Lettres d'un malade à un malade, Gen. et Par. 1849.

60 Le visiteur des malades et des affligés, Par. Toul. 1847.

61 Smith, (J.) Le messager de miséricorde auprès du Chrétien dans l'épreuve, Toul. 1850.

62 Suringar, Bezoeken in de gevangenis, Leeuw. 1841.

63 Drelincourt, (Ch.) Les consolations de l'ame fidèle contre les frayeurs de la mort, Amst. 1714.

64 La visite d'un ami dans la maison de deuil, Toul. 1845.

65 Les adieux d'Adolphe Monod à ses amis et à l'Église (allocutions et prières), Par. 1846.

(Prières.)

66 Recueil de méditations et de prières, Par. 1842.

67 Pictet, Prières pour tous les jours de la semaine et sur divers sujets, Par. Toul. 1849.

68 Prières chrétiennes à l'usage des familles, Par. 1851.

69 Le trésor de la prière. Recueil de prières etc., Par. 1846.

70 Roussel, (N.) Élans de l'ame vers Dieu, Par. 1852.

71 Les prières de la Bible, Par. 1854.

(Poésies. Cantiques.)

72 Coquerel, (A.) Esquisses poétiques de l'Ancien Testament, Par. 1851.

73 Durand, (H.) Poésies, précédées d'une notice biographique par R. Vinet, Laus. 1852.

74 Monneron, (F.) Poésies, Laus. 1842.

75 Rossier, (J. D.) Les fleurs d'automne, poésies morales et religieuses, Laus. 1853.

76 Recordon, (C. F.) Quatrains Évangéliques, Laus. 1840.

77 Drelincourt, (Ch.) Sonnets chrétiens, Amst. 1836.

78 Watts, (J.) Stichtelijke rijmen, (uit het Eng.) Amst. 1841.

79 Chants chrétiens, Par. 1851.

80 Recueil de cantiques à l'usage des Églises évangéliques de France, Par. 1851.

81 Malan, (C.) Chants de Sion, Par. 1841.

82 Chants pour les salles d'asile, Par. et Alger 1845.

J.

LECTURE POUR LA JEUNESSE.

(Instruction Religieuse.)

1 Catéchisme de Heidelberg ou instruction familière sur la religion chrétienne réformée, Val. Par. 1844.

2 Superville, (D. de) Les vérités et les devoirs de la religion chrétienne ou catéchisme pour l'instruction de la jeunesse, Amst. 1826.

3 C o q u e r e l , (A.) Cours de religion Chrétienne, Par.1839.

4 C o r b i è r e , (P.) Essai d'un guide de l'instruction Chrétienne, Montpellier 1843.

5 M o n t a n d o n , (A. L.) Étude élémentaire du symbole des Apôtres, Par. 1844.

6 ——————————— Étude sommaire de la religion Chrétienne, Par. 1852.

7 ——————————— Precis annoté du catéchisme d'Ostervald , Par. 1850.

8 Instruction Chrétienne.

9 Ligne après ligne, ou série d'instructions religieuses. 2 vol., Par. et Toul. 1842.

10 T o d d , (J.) Simples instructions ou vérités importantes mises à la portée des enfants, (trad. de l'Angl.), Par. 1836.

11 Questions sur les principales vérités du Christianisme à l'usage des écoles, Toul. 1843.

12 U p s c h e r , (F r a n c i s) Entretiens sur les dix commandements, Par. et Toul. 1845.

13 F i s h e r , (T) Catéchisme de l'Église d'Écosse.

14 C e l l é r i e r , Catéchisme, Par. 1845.

15 F a b r e , Cours de religion Chrétienne, Par. 1846.

16 L i s c o , (G.) Cours de religion Chrétienne, (trad. de l'Allem.), Laus. 1847.

17 T r e m b l e y , (A.) Instruction d'un père à ses enfants sur la nature et la religion, 2 vol. Gen. 1775.

18 ————————— Instruction d'un père à ses enfants sur la religion naturelle et révélée, 3 vol. Gen. 1779.

19 Simples explications de quelques expressions figurées de l'Écriture, adressées à la jeunesse, Toul. 1848.

20 G a l l a u d e t , Histoire du jeune Josias, roi de Juda, Toul. 1848.

21 R o u s s e l , (N.) Les enfants de la Bible, Par. et Gen.1852.

22 Conversations sur les paraboles du N. Test. à l'usage des enfants, (trad. de l'Angl.), Par. et Toul. 1849.

(Instruction.)

23 Grand, (A. le) Philosophie du jeune âge, Par. 1843.

24 Vulliet, (A.) Albert, ou entretiens d'une mère avec son enfant sur l'ame et sa destinée, (trad. de l'Angl.), avec gravures, Par. 1856.

25 Niboyet, (M. E.) Dieu manifesté par les oeuvres de la création, 4 vol. Par. 1842.

26 Gonthier, (F. A. A.) Coup d'oeil religieux sur quelques ouvrages de la création, Gen. et Par. 1839.

27 Le système solaire, (imité de l'Angl.), Toul. 1850.

28 Vulliet, (A.) Quelques merveilles de la nature et de l'art, lectures instructives, Par. 1856.

29 Marcet, (Mdm.) La terre et l'eau; conversations pour de jeunes enfants, (trad. de l'Angl.), Gen. et Par. 1850.

30 Guizot, (Mad. Bonifas) Leçons de Botanique à l'usage des jeunes gens des deux sexes, Gen. et Par. 1840.

31 Vulliet, (A.) Esquisse d'une histoire universelle envisagée au point de vue chrétien, 2 vol. Par. 1844.

32 Monod, (G.) Essai d'une histoire ancienne universelle des temps antérieurs à la naissance de J. C. Gen. et Par. 1841.

33 Michaud, (M. M.) et Poujoulat, Histoire des croisades, abrégée à l'usage de la jeunesse, Par. 1844.

34 Rougemont, (F. de) Précis d'ethnographie, de statistique et de géographie historique, 2 vol. Neuch. 1835.

35 Vulliet, (A.) Esquisse d'une géographie physique, 3. vol., Par. 1853.

36 Le voyageur ou description de quelques merveilles de la nature et des arts, Par. et Toul. 1848.

37 Un jeune Suisse en Australie par l'auteur de *la vie de Miss Fry*, Gen. et Par. 1852.

38 Le Marchand prospère, vie de M. *Samuel Butjett*, (dédié aux jeunes gens qui se destinent au commerce), Par. 1858.

(Édification.)

39 Roussel, (N.) A mes enfants, 3 vol., Par. 1843.

40 James, (J. A.) Geschenk van een christelijk vader aan zijne opwassende kinderen, (uit het Engelsch), Amst. 1844.

41 Moulinié, (C. F. E.) Lettres d'une mère chrétienne, Gen. 1831.

42 Pike, (J. G.) Le jeune homme à l'entrée de sa voie, (trad. de l'Angl.), Toul. 1841.

43 Harnisch, (W.) La gaieté de la jeunesse et le sérieux de la piété, Neuch. 1843.

44 Jamais seul, (trad. de l'Angl.), Neuch. 1844.

45 Barbould, (Mad.) Hymnes en prose pour les enfants.

46 Porchat, (J. J.) Fables et paraboles, Par. 1854.

47 Guizot, (Mad. Bonifas), La famille de Beaumont, 2 vol. Par. 1844.

48 Contes d'une Tante à Charles et à Julie, Gen. et Par. 1850.

49 Trois histoires aux petits enfants, Par. et Toul. 1845.

50 Todd, (J.) Simple et vrai, Par. 1845.

51 Lysons, (S.) Les fables d'Esope, expliquées aux enfants Chrétiens, (trad. de l'Angl.), Toul. 1852.

52 Soirées de famille, 4 vol. Gen. 1838.

53 Soirées de Jeudi, Par. 1853.

54 Les promenades de Jeudi, (trad. de l'Angl.), Toul. 1856.

55 Étrennes religieuses, Par. 1852—1857.

56 De gids der jeugd, 4 deelen. Amsf. 1842.

57 Sabatié, (Jean) Choix de lectures à l'usage de la jeunesse protestante, Toul. 1856.

58 Nouveau magasin des enfants, 5 vol. Par. 1838.

59 Lectures pour les enfants, vol. 4—14, Par. 1842—1851.

60 Malan, (C.) Le véritable ami des enfants, 3 vol., Gen. 1832.

61 l'Ami de la jeunesse, 12 vol., Par. 1825 cét.

62 l'Ami de la jeunesse, 31e année, Par. 1856.

K.

HISTOIRE ECCLÉSIASTIQUE.

1 Merle d'Aubigné, (J. H.) Discours sur l'étude de l'histoire du Christianisme, Par. et Gen. 1842.

2 Néander, (Aug.) Mémoires pour servir à l'histoire du Christianisme et de la vie chrétienne, (trad. de l'Allem.), Neuch., Gen. et Par. 1829.

3 Milner, Histoire de l'Église chrétienne, Par. 1830—1838.

4 Barth, Histoire de l'Église chrétienne, (trad. de l'Allem.), Laus. 1839.

5 Bost, (A.) Recherches sur la constitution et les formes de l'Église chrétienne.

(Avant la Réformation.)

6 Bost, (A.) Histoire générale de l'établissement du Christianisme, Val. et Gen. 1838. 4 vol.

7 Le Christianisme aux trois premiers siècles. Séances historiques, Gen. et Par. 1857.

8 Trottet, (J. P.) Les grands jours de l'Église Apostolique. Conférences, Par. 1856.

9 Munter, Les femmes chrétiennes aux premiers temps de l'Église, (trad. de l'Allem.), Par. 1855.

10 l'École de Théologie de St. Jean à Ephèse. Par. et Toul. 1849.

11 Chastel, (E.) Histoire de la destruction du paganisme dans l'empire d'Orient, *ouvrage couronné*, Par. 1850.

12 Gonthier, (F. A. A.) Petite Bibliothèque des Pères de l'Église, Par. 1840. 3 vol.

13 Guers, (E.) Histoire abrégée de l'Église de Jésus-Christ dans les siècles du moyen âge, Par. et Toul. 1842. 1850.

14 Monastier, (A.) Histoire de l'Église Vaudoise et des Vaudois, Laus. 1847. 2 vol.

15 Muston, (A.) l'Israël des Alpes, première histoire
complète des Vaudois du Piémont, 4 vol., Par. 1851.

16 Frossard, (L.) Les Vaudois de Provence, Avign. 1848.

17 Arnaud, (H.) La rentrée des Vaudois dans leur
vallée de Piémont, Neuch. 1843.

18 Bonnechose, (E. de) Les Réformateurs avant la
Réforme, 2 vol. 1844.

(La Réformation et ses suites.)

19 Merle d'Aubigné, (J. H.) Histoire de la Réformation au XVIme siècle, 5 vol. Brux. 1839. 1853.

20 Morison, (J.) Histoire générale de la Réformation,
(trad. de l'Angl.), Par. 1845.

21 Naef, (F.) Histoire de la Réformation, Par. 1856.

22 Villers, (C. de) Essai sur l'esprit et l'influence de la
Réformation de Luther. Par. et Strasb. 1851.

23 Maccrie, (Th.) Histoire des progrès et de l'extinc-
tion de la Réforme en Italie au XVIme siècle, Par.
et Gen. 1831.

24 Eynard, (C.) Lucques et les Burlamacchi, souvenirs
de la Réforme en Italie, Par. 1848.

25 Bonnet, (J.) Vie d'Olympia Morata, épisode de la
renaissance et de la Réforme en Italie, Par. 1850.

26 Hottinger, Histoire des Suisses à l'époque de la
Réformation, 2 vol., Par. 1833.

27 Gabarel, (J.) Histoire de l'Église de Genève, I,
Gen. 1852.

28 Thomas, (L.) La confession Helvétique. Études his-
torico-dogmatiques sur le XVIme siècle, Gen. 1853.

29 Blunt, Aperçu de la Réformation en Angleterre,
Par. 1840.

30 Rutherford, (S.) Lettres aux Chrétiens persécutés ou
affligés en 1630, écrites sous le règne de Charles I,
(trad. de l'Angl.), Par. 1848.

31 Schubert, (G. H.) Geschiedenis van de Hervorming en den Hervormer in Schotland John Knox, Utr. 1840.

32 Merle d'Aubigné, (J. H.) Trois siècles de lutte en Écosse, Gen. et Par. 1840.

33 Roussel, (G.) Mémoires servant à l'histoire des premières tentatives faites pour introduire la Réformation en France, par C. Smidt, Strasb., Par. et Gen. 1845.

34 Soldan, (G. G.) La France et la Saint-Barthélemy, Par. 1855.

35 Bèze, (Theod. de) Histoire des Églises réformées de France, 1837—1840. 3 vol.

36 Félice, (G. de) Histoire des Protestants de France, Par. 1850.

37 Weiss, (C.) Histoire des refugiés protestants depuis la révocation de l'édit de Nantes jusqu'à nos jours, 2 vol. Par. 1853.

38 Coquerel, (Ch.) Histoire des Églises du Désert chez les Protestants de France, 2 vol., Par. 1841.

39 Peyrat, (M.) Histoire des pasteurs du Désert, 2 vol., Val. 1842.

40 Alby, (E.) Les Camisards, 1702—1711, Par. 1858.

41 Crottet, (A.) Histoire des Églises réformées en Saintonge, Bordeaux.

42 Précis historique de la Réformation et des Églises protestantes dans l'ancien comté de Montbéliard et ses dépendances, suivi de la vie de G. Farel, Par. et Val. 1841.

43 Noir, (Ph. le) sieur de Crevain, Histoire ecclésiastique de Bretagne, depuis la Réformation jusqu'à l'édit de Nantes, publiée par B. Vaurigaud, Par. et Nant. 1851.

44 Borrel, (A.) Histoire de l'Église réformée de Nîsmes depuis l'année 1533—1802, Toul. 1856.

45 Claparède, (T.) Histoire des Églises réformées du pays de Gex, Par. 1856.

46 Reyer, (C.) Histoire de la colonie Française en Prusse, (trad. de l'Allem.), Par. 1855.

47 Koenen, (H. J.) Vestiging en invloed der Fransche vlugtelingen in Nederland, 1846.

48 Ange, (J. Teissedre l') et Koenen, (H. J.) Deux mémoires sur l'origine et l'influence des Églises Wallonnes, leur utilité actuelle et les moyens de les maintenir, Amst. 1843.

49 Rahlenbeck, (Ch.) l'Inquisition et la Réforme en Belgique, Brux. 1857.

50 Bost, (A.) Histoire ancienne et moderne de l'Église des Frères de Bohème et de Moravie, Gen. 1831. 2 vol.

51 Mestral, (A. de) Notice sur la société des Quakers, Gen. et Par. 1850.

(Situation actuelle.)

52 Capefigue, (M.) l'Église pendant les 4 derniers siècles vol. I et II, Par. 1854.

53 Trembley, (A.) Considérations sur l'état présent du Christianisme, Par. 1809.

54 Dwight, (H. G. O.) Le Christianisme en Turquie au XIXme siècle.

55 Baird, (R.) La religion aux États-Unis d'Amérique, (trad. de l'angl.) 2 vol. Par. 1844.

56 Rey, (William) l'Amérique protestante, notes d'un voyageur, 2 vol. Par. 1857.

57 Krasinski, (Le Comte Valérien) Histoire religieuse des peuples Slaves, Par. 1853.

58 Bost, (A.) Mémoires pouvant servir à l'histoire du réveil religieux des Églises protestantes de la Suisse, 3 vol. Par. 1854.

59 Durand, (L.) Le réveil réligieux, Par. 1854.

60 Le synode réformé de 1848 par deux témoins, Par. 1848.

61 Union des Églises évangéliques de France. Synode constituant 1849, Par. 1850.

62 Assemblée générale de la société Évangélique de Genève, 15e anniv. Gen. 1846.

63 La crise du Protestantisme en 1850, Par. Gen. 1850.

64 Monod, (G.) Conférence de l'alliance évangélique à Londres 1851. Coup d'oeil sur l'état religieux du monde chrétien, Par. 1852.

65 ——————— Conférence de chrétiens évangéliques de toute nation à Paris 1855. Compte rendu publié au nom du comité de l'alliance évangélique, Par. 1856.

66 l'Église réformée évangélique de Paris, Par. 1849.

67 Clamageron, (J. J.) De l'état actuel du protestantisme en France, Par. 1857.

68 Le protestantisme en France par „un mondain," Gen. Par. 1854.

69 Gasparin, (Le Comte A. de) Intérêts généraux du Protestantisme français, Par. 1853.

70 Grandpierre et Boucher, Souvenirs d'une visite à l'assemblée générale de l'Église d'Écosse, Par. 1849.

71 Souvenirs offerts au troupeau Wallon d'Amsterdam par son pasteur émérite J. Teissèdre l'Ange, Amst. 1849.

(Église Catholique-Romaine.)

72 Bungener, (L. F.) Histoire du concile de Trente, Par. 1847. 2 vol.

73 Montalembert, (Le Comte de) Des intérêts catholiques au XIXme siècle, Par. 1851.

74 Luttéroth, (H.) La Russie et les Jésuites de 1772 à 1820, Par. 1845.

75 Sainte Beuve, (C. A.) Port Royal, Par. 1840. 3 vol.

76 Dupac de Bellegarde, (M. G.) Histoire abrégée de l'Église métropolitaine d'Utrecht, Utrecht 1852.

77 Dora d'Istria, (Mad. la Comtesse) La vie monastique dans l'Église orientale, Par. 1855.

(Histoire des Juifs.)

78 Da Costa, (Mr. I.) Israël en de volken, een over-
zigt van de geschiedenis der Joden tot op onzen tijd,
Haarl. 1849.

79 Koenen, (Mr. H. J.) Geschiedenis der Joden in Nederland, Utrecht 1843.

80 Omar ou histoire abrégée du peuple Juif, Par. et
Toul. 1849.

81 Herschell, (H.) Esquisse de l'état actuel des Juifs,
Val. 1842.

82 Les Juifs de l'Europe et de la Palestine, Par. 1844.

83 La conversion du Docteur Capadose, Israëlite
Portugais, Par. Toul. 1848.

84 Capadose, Quelques observations sur la regénération
morale et sur la restauration nationale d'Israël, Toul.
1843.

85 Appel de Dieu à Israël, Toul. 1844.

86 Pétavel, (A. F.) Deux peuples un seul peuple,
Amst. 1851.

87 Gaussen, (J. R. L.) Les Juifs évangélisés enfin et
bientôt rétablis, Par. 1843.

88 Fraenkel, (J.) l'Alliance évangélique entre les Chrétiens et les Israëlites, Par. 1856.

89 Guers, (E.) Israël aux derniers jours de l'économie
actuelle ou essai sur la restauration prochaine de ce
peuple, Par. 1856.

L.

BIOGRAPHIE.

1 Masson, (G.) Choix de biographies chrétiennes, Par.
1845.

2 Crespin, Galerie chrétienne ou abrégé de l'histoire
des vrais témoins de la vérité de l'Évangile, 2 vol.
Par. 1837.

3 Doin, (G. T.) Musée des protestants célèbres ou portraits et notices etc. 5 vol. Par. 1822.

4 Haag, (E.) La France protestante ou vies des protestants Français qui se sont fait un nom dans l'histoire, Tom. I à VI, Par. 1846—1856.

———

5 Bonnechose, (E. de) Lettres de J. Huss, Par. 1846.

6 Chauffour Kestner, (V.) Études sur les Réformateurs du XVIme siècle, 2 vol. Par. 1853.

7 Les quatres réformateurs de Genève, Par. 1830.

8 Soirées de Maître Pierre, 5 vol. Montbéliard.

    1. Vie de Zwingle.

    2. „ d'Oecolampade.

    3. „ de Melanchton.

    4. „ „ Calvin.

    5. „ „ Luther.

9 Tichler, (J.) Huldrich Zwingli, de kerkhervormer, Deel I, Utr. 1857.

10 Vies de Calvin et de Théod. de Bèze, Gen. 1830.

11 Bonnet, (J.) Lettres de Jean Calvin, publiées d'après les manuscrits originaux, Tom. I et II, Par. 1854.

12 Herzog, (J. J.) Oecolampade, le réformateur de Bâle, (trad. de l'Allem.), Neuch. 1848.

13 Guy de Brès, l'un des réformateurs des Pays-Bas, Gen. 1835.

———

14 Biographie de Henri Pestalozzi, Laus. 1853.

15 Perrens, (F. T.) Jérôme Savonarole (d'après les documents originaux), Par. 1856.

16 Burnier, (L.) Notice sur A. Rochat, Laus. 1848.

17 Notice sur Gonthier, Gen. 1838.

18 Chavannes, (F.) Alexandre Vinet, Notice et Mémoires, Neuch. Laus. Par. 1847.

19 Schérer, (E.) Alexandre Vinet, Notice sur sa vie et ses écrits, Par. 1853.

20 Gaussen, (J. L. R.) Monsieur Cellérier Père, Par. 1844.

21 Gabarel, (J.) Voltaire et les Genevois, Gen. 1856.

22 Bost, (A.) Lettres et Biographie de Félix Neff, Gen. Par. 1842.

23 Vie de Félix Neff, Toul. 1837.

24 Nisard, (C.) Mémoires de Daniel Huet, Évêque d'Avranches, (trad. du Latin), Par. 1853.

25 Crottet, (A.) Diaire ou journal du Ministre Merlin, pasteur de l'Église de la Rochelle au XVIme siècle, Gen. 1855.

26 Read, (Ch.) Henri IV et le Ministre Daniel Chamier, d'après un journal inédit du voyage de ce dernier à la cour en 1607, Par. 1854.

27 Journal de Jean Migault, Par. 1825.

28 Schaeffer, (A.) Les larmes de J. P. de Chambrun, Par. 1854.

29 Bartholmèss, (Chr.) Le grand Beausobre et ses amis, Par. 1854.

30 Schaeffer, (A.) Madame Duplessis-Mornay, Par. 1854.

31 Salchli, (J. J.) Les dernières heures de Mornay du Plessis, Gigors, Rivet, Dumoulin, Drelincourt, Fabre et Rieu, Val. Par. 1847.

32 Lalanne, (L.) Mémoires de Théodore Agrippa d'Aubigné, Par. 1854.

33 Coquerel fils, (A.) Vie et mort de Wolfgang Schuch, martyr brulé à Nancy en 1525, Par. 1854.

34 ———————— Jean Calas et sa famille. Étude historique etc., Par. 1858.

35 James, (J. A.) De verwelkte bloem, een kort berigt omtrent Clementine Cuvier, (uit het Eng.), Amst. 1843.

36 Notice nécrologique ou relation des derniers moments d'Adelaïde Dupont, agée de 17 ans, écrite par sa mère, Par. 1850.

37 Remusat, (C. de) Saint Anselme de Cantorbéry. Tableaux de la vie monastique, Par. 1813.

38 **Merle d'Aubigné, (J. H.)** Le Protecteur ou la république d'Angleterre aux jours de Cromwell, Par. Gen. 1848.

39 Baxter et l'Angleterre religieuse de son temps, Par. 1840.

40 Vie de Thomas Halyburton, (trad. de l'Angl.) Toul. 1836.

41 Grimshawe, (T. S.) Vie du révérend Legh Richmond, Gen. Par. 1828.

42 Bickersteth, Vie de Wilberforce Richmond, Gen. Par. Toul. 1843.

43 Récit authentique de la vie de J. Newton, écrit par lui-même, (trad. de l'Angl.), Val. 1838.

44 Vie de Newton, 2 vol., Par. 1842.

45 Vie du révérend G. Whitefield, (trad. de l'Angl.), Toul. 1839.

46 Watson, (R.) Vie du révérend John Wesley, (trad. de l'Angl.), Par. 1840.

47 Pitcairn, Paix parfaite ou derniers jours de J. W. Howell, (trad. libr. de l'Angl.), Par. 1845.

48 Vie d'Élizabeth Fry, publiée par deux de ses filles, Gen. Par. 1850.

49 Pratt, (J.) Mémoires du révérend Richard Cécil, Toul. 1836.

50 Winslow, (Miron) Vie de Mad. Winslow, Par. Gen. 1846.

51 Vie de Thomas Cranfield, abrégé de l'Anglais, Par. Toul. 1847.

52 Prout, (Ebénézer) Vie de John Williams, (trad. de l'Angl.), Par. Toul. 1848.

53 Schubert, Vie du Colonel Gardiner, Laus. 1848.

54 Vie de Charles Neal.

55 Vie de Thomas Scott, (trad. de l'Angl.), Gen. 1855.

56 Baird, (R.) Vie de Anne Jane Linnard, (trad. de l'Angl.), Gen. Par. 1840.

57 Vie de Buxton, précédée et suivie de deux notices sur l'esclavage, (trad. de l'Angl.), Par. 1853.

58 Halloch, (W.) Mémoires de Harlam Page, Par. Toul. 1846.

59 Guers, (S.) Vie de Henry Pijt, Toul. Par. 1850.

60 Vie de Ph. Henry, (trad. de l'Angl.), Toul. 1840.

61 Vie d'Oberlin, Laus. 1842.

62 Blumhardt, Vie de Zeisberger, Neuch. 1844.

63 Essai sur la vie de J. C. Lavater, Laus. 1844.

64 Eynard, (Ch.) Vie de Mad. de Krüdener, 2 vol., Par. Laus. Gen. 1847.

65 Muller, (Georges) Exposé de quelques unes des dispensations de Dieu envers moi, (trad. de l'Angl.), 1848.

66 Descombaz, (J.) Vie de Martin Boos, (trad. de l'Allem.), Val. 1842.

67 Souvenirs de Rose S.... (trad. de l'Allem.), Par. Toul. 1847.

68 Vie de F. de Hochwarten, (trad. de l'Allem.), Par. 1841.

69 Ledderhose, Vie de A. G. Spangenberg, Par. Toul. Lond. 1850.

70 Biographie de Albert de Haller, Par. 1845.

71 Hossbach, Spener et son époque, Neuch. 1847.

72 Caroline Perthès ou l'épouse et la mère chrétienne, par C. Monnard, Neuch. 1856.

73 Félice, (G. de) Le comte Struensée, Par. 1838.

74 Notice sur la vie et les travaux de J. D. Girod, par H. Cornet Auquier, Brux. 1817.

75 Levensschets en bloemlezing uit de schriften van den Hoog Eerw. Heer J. Scharp, Rott. 1828.

76 Grandpierre, (J. H.) Notice sur M. le Vice-Amiral C. Ver-huell, Pair de France etc., Par. 1845.

77 Koenen, (Mr.H.J.) Hieronymus v. Alphen, Amst. 1844.

78 ——————————— Lijkrede op Mr. D. J. v. Lennep, Amst. 1853.

M.

OEUVRE MISSIONNAIRE.

1 De Bijbel en de Bijbelgenootschappen, Amst. 1839.

2 Borrow, (G.) La Bible en Espagne, 2 vol., (trad. de l'Angl.), Par. 1845.

3 Félice, (G. de) La voix du colporteur biblique, Par. 1844.

4 Roussel, (N.) Le cri du missionnaire Français, Par. 1851.

5 Descombaz, (S.) Histoire des missions évangéliques, 2 vol., Laus. 1850.

6 Koenen, (Mr. H. J.) De Christen-zendeling. Dichtstuk met een aanhangsel van christelijke liederen, Haarl. 1854.

7 Medhurst, (W. H.) China. Toestand en vooruitzigten van dat rijk, inzonderheid ten aanzien der Evangelie-verbreiding, 2 dln., Rott. 1837.

8 Watteville, (B. de) l'Évangile et la Chine, Gen. 1844.

9 China. Verzameling van stukken betreffende de prediking van het Evangelie in China en omliggende landen, Nijm. 1852 enz.

10 Exposé des faits qui ont accompagné l'agression des Français contre l'île de Tahiti, (trad. de l'Angl.), Par. 1843.

11 Lutteroth, (H.) O-Taïti, Par. 1843.

12 Moffat, (R) Vingt-trois ans de séjour dans le sud de l'Afrique, (trad. de l'Angl.), Par. 1846.

13 Hamilton, (J.) Mémoires de Richard Williams, Vevey, Gen. Par. 1857.

14 Vie de Henry Martin, (trad. de l'Angl.), Par. 1846.

15 Journal des missions Évangéliques, 1843—1858.

16 Le Glaneur missionnaire, 1844—1858.

17 Quelques rapports de diverses sociétés des missions etc.

18 Maandberigt van het Nederlandsch Zendelinggenootschap, 1853—1858.

19 Mededeelingen van wege het Nederlandsch Zendelinggenootschap, Deel I, Rott. 1857.

20 Verslag van den staat en de werkzaamheden van het
Nederlandsch Zendelinggenootschap, 1852 enz.

21 Berigten uit de Heidenwereld, uitgegeven door het
Zendelinggenootschap te Zeijst, 1853 enz.

22 The church missionary intelligencer, Lond. 1853—1857.

23 The Evangelical magazine and missionary chronicle,
1853—1857.

24 Calwer missionsblatt, 1853—1857.

25 Magasin für die neueste Geschichte der Evangelischen
Missions und Bibelgesellschaften, Bazel 1853—1858.

26 Le petit messager des missions évangéliques, dédié
à la jeunesse, Par. 1844—1850.

27 Petit livre des missions, (trad. de l'All.), Par. Toul. 1846.

28 Feuille mensuelle à l'usage des réunions de prières
pour l'avancement du règne de Dieu.

N.

VOYAGES.

1 Grant, (Asahel) Les Nestoriens ou les tribus per-
dues, Par. Toul. 1843.

2 Robinson, (G.) Voyage en Palestine et en Syrie,
(trad. de l'Angl.), 2 vol., Par. 1838.

3 Saulcy, (F. de) Voyage autour de la Mer Morte et
dans les terres bibliques, 2 vol., Par. 1852.

4 Journal d'un voyage au Levant, par l'auteur du „mariage au point de vue chrétien", 3 vol., Par. 1848·

5 Frossard, (E.) Lettres écrites d'Orient, Par. 1855.

6 Gurney, (J. J.) Un hiver aux Antilles, (trad. de l'Angl.),
Par. 1842.

7 l'Aspirant en Chine ou conversations sur l'industrie, sur les moeurs et sur le gouvernement des Chinois, (trad. libr. de l'Angl.), Toul. Par. Lond. 1850.

8 Fraissinet, (E.) Le Japon, 2 vol., Par. 1856.

9 Arbousset et Daumas, Relations d'un voyage d'exploration au N. E. de la colonie du Cap de Bonne-Espérance, Par. 1842.

10 Ida Pfeiffer, Mon second voyage autour du monde, (trad. de l'Allem.), Par. 1857.

11 Coquerel fils, (A.) Des beaux arts en Italie au point de vue religieux, Par. 1857.

12 Bost, (A.) Visites dans les Hautes-Alpes, Gen. 1841.

13 Roussel, (N.) Mon tour du lac Léman. Par. 1843.

14 Miertsching, (M.) Journal d'un voyage au Pole-nord, Gen. 1857.

15 Bremer, (Frederika) La vie de famille dans le Nouveau monde, (trad. du Suédois), 3 vol. Par. 1856.

16 Bertel, (A.) La famille Need ou les établissements philantropiques aux États-Unis, Par. 1855.

17 Grandpierre, (J. H.) Quelques mois de séjour aux États-Unis d'Amérique.

18 Anecdotes sur les Indiëns.

O.

RÉCITS ET NOUVELLES.

1 Kennedy, Les deux amis, ou doute et conviction, (trad. de l'Angl.), Par. 1828.

2 Cowper, (W.) De kracht der goddelijke genade, Amst. 1838.

3 Scott, (T.) De kracht der waarheid, Amst. 1838.

4 ——————— La force de la vérité, Toul. 1842.

5 Miriam ou le pouvoir de la vérité, Gen. 1843.

6 Charlotte Elisabeth, Le lion de Juda, (trad. libr. de l'Angl.) Toul. 1852.

7 Le chemin du bonheur perdu et retrouvé, Neuch. 1844.

8 Malan, (C.) Les grains de sénévé, 4 vol. Par. 1844.

9 Le contrebandier, ou encore une preuve de la puissance du Christianisme, Par. et Gen.

10 Rhoda, l'Excellence de la charité, Par. 1845.

11 Un pêcheur d'hommes vivants, Gen. 1845.

12 Mac'Intosh, (Miss M.) Hélène et Isabelle, ou être et paraître, (trad. de l'Angl.), Par. 1855.

13 ——————————— Le fond et la forme, ou le but et le principe de la vie, (trad. de l'Angl.), Gen. Par. 1857.

14 Levray, (Alphonse) La cité du devoir, Par. 1856.

15 Abboth, Comment faire le bien? Directions et récits, (trad. de l'Angl.), Par. 1856.

16 Jeanne et Antoine ou l'épreuve sanctifiée. Histoire populaire, Gen. 1854.

17 Catherine Howard ou épreuves et triomphes, (trad. de l'Angl.), Toul. 1855.

18 La maison bâtie sur le roc, (trad. de l'Angl.), Par. 1854.

19 Êtes vous heureux, mais pleinement heureux? Par. 1851.

20 Persévérance ou Jeanne Hudson. Histoire américaine, (trad. de l'Angl.), Gen. 1857.

21 Le bucheron du Liban. Nouvelle servant d'illustration à une institution Judaïque, Vevey, Lausanne 1857.

22 Kingsley, (Ch.) Hypatia of nieuwe vijanden in eene oude gedaante, (uit het Engelsch), 2 dln. 's Hage 1857.

23 Pierre et sa famille. Histoire Vaudoise, Par. 1854.

24 La terre des martyrs. Récits sur les Vaudois des vallées, (trad. de l'Angl.), Gen. 1856.

25 Gerlach, (J. W. R.) Geloof, Hoop en Liefde. Eene schets uit de Geschiedenis der Hugenooten, Dordr. 1857.

26 Père clément ou le Jésuite confesseur, Par. 1843.

27 La nonne, épisode d'une vie de couvent, (trad. de l'Angl.), Par. et Gen. 1853.

28 B u n g e n e r, (F.) Un sermon sous Louis XIV, Par. 1845.

29 ——————— Trois sermons sous Louis XV, Par. Gen. Leipz. 1848. 3 vol.

30 ——————— Voltaire et son temps. Études sur le XVIIIme siècle, 2 vol. Gen. Par. 1851.

31 ——————— Julien ou la fin d'un siècle, 4 vol. Par. 1854.

32 S h e r w o o d, (Mme) Histoire de la famille Fairchild, (trad. de l'Angl.), 3 vol. Neuch. 1837.

33 S e d g w i c h, Le foyer domestique ou le chez-soi, (trad. de l'Angl.), Gen. 1842,

34 Emma, ou la prière d'une mère, Par. 1844.

35 Réalités de la vie domestique présentées aux jeunes femmes, 2 vol. Gen. Par. 1845.

36 Veuvage et célibat, par l'auteur des „Réalités,‟ etc. 2 vol. Gen. 1848.

37 Une histoire contemporaine, par l'auteur des „Réalités,‟ etc. Gen. Par. 1850.

38 Le génie du cimetière, conte fantastique par l'auteur des „Réalités‟ etc., Gen. Par. 1851.

39 Un livre pour les femmes mariées, ouvrage populaire par l'auteur du „*Mariage au point de vue chrétien*,‟ Par. Toul. 1846.

40 Ellen ou les mariages antiscripturaires, Par. Toul. 1846.

41 S i n c l a i r, (Miss) Laura et Henri, Par. 1850.

42 ——————— Les deux éducations, Par. 1858.

43 S o u v e s t r e, (E.) Le mémorial de famille, Par. 1854.

44 ——————— Souvenirs d'un veillard, Berne 1857.

45 Z w i n g l i, (L.) Het huisselijk leven door het Christendom geheiligd, (naar het Hoogd.), Haarl. 1856.

46 La fleur de la famille. Simple histoire, (trad. de l'Angl.), Toul. 1856.

47 Alica ou le jour de naissance, (trad. de l'Angl.), Gen. Par. 1852.

48 Marie et Florence à seize ans,(trad. de l'Angl.),Laus.1852.

49 Jeanne, la petite sourde et muette, Par. 1853.

50 Rilliet de Constant, (Mme) l'Oncle Tom raconté aux enfants, Par. Berne 1854.

51 Schubert, (H. von) Philippe Ashton ou le nouveau Robinson, (trad. de l'Angl.), 2 vol. Par. 1854.

52 Le Robinson des prairies ou aventures d'une famille d'émigrants Anglais, (trad. de l'Angl.), 2 vol. Par. 1854.

53 Un joyeux Noël, (trad. de l'Angl.), Par. 1854.

54 Porchat, (J. J.) Nouvelles pour l'enfance et la jeunesse, Par. 1854.

55 ———————— La montagne tremblante, Par. 1856.

56 ———————— Le berger et le proscrit, Par. 1857.

57 ———————— L'ours et l'ange. Légende suisse, Par. 1857.

58 May, (E. J.) Les heures d'école du jeune Louis, (trad. de l'Angl.), Par. 1855.

59 Une semaine aux montagnes.

60 Adams, (W.) Les noyaux de cérises ou le pensionnat de Carlton, (trad. de l'Angl.), Par. 1856.

61 Le petit duc. Par. 1852.

62 Vulliet, (A.) Sarah, ou les parfums d'une piété enfantine, Par. 1856.

63 ———————— Michel le mineur, Par. 1856.

64 Élize, ou histoire et expériences de ma bonne, Gen. 2 vol. 1843.

65 Esther Emmet et ses compagnes, (trad. de l'Angl.), Par. Toul. 1846.

66 Amy Herbert, (trad. de l'Angl.), 2 vol. Par. 1850.

67 Gertrude, par l'auteur de „Amy Herbert," (trad. de l'Angl.), Gen. Par. 1851.

68 Les deux filles de la veuve, Gen. Par. 1853.

69 La grande locomotive, Gen. 1851.

70 Tourte Cherbuliez, (Mad.) Un dimanche; scènes familières, Gen. Par. 1857.

71 Moewes, (H.) Le pasteur d'Anduze, (trad. de l'Allem.), Par. 1843.

72 Réville, La veuve du vieux pasteur, 1844.

73 Abboth, La fille du pasteur, Par. 1850.

74 La maison du Nº. 5, Par. Gen. 1857.

75 Pierson, (A.) Een pastorie in den vreemde. Schetsen en herinneringen, Utrecht 1857.

76 Calcar, (Mevr. E. van) De dertiende. 3 deelen. Schoonh. 1857.

77 Marryat, (le Capitaine) Les colons du Canada, (trad. de l'Angl.), Par. 1852.

78 —————————————— La mission ou scènes Africaines, (trad. de l'Angl.), 2 vol. Par. 1853.

79 —————————————— Les enfants de la Forêt neuve, (trad. de l'Angl.), 2 vol. Par. 1854.

80 Stowe, (H. Beecher) La case de l'oncle Tom, (trad. de l'Angl.), Par. 1854.

81 ————————— Nouvelles Américaines, Par. 1853.

82 ————————— Dred. Histoire du grand marais maudit, 2 vol. Par. 1857.

83 Wetherel, (E.) Le monde, le vaste monde, Par. 1853.

84 ————————— Queechy, (trad. de l'Angl.), 2 vol. Par. 1854.

85 ————————— Les enfants Rutherford, (trad. de l'Angl.), Par. Gen. 1854.

86 ————————— Le bas de Noël, (trad. de l'angl.), Par. 1855.

87 ————————— Les collines du Shatemuc, (trad. de l'Angl.), Par. 1857.

88 l'Allumeur de réverbères, ouvrage Américain, 2 vol. Par. 1854.

89 Bridel, (L.) Récits Américains, 2 vol. Par. 1854.

90 Descombaz, Nouvelles soirées du village, Laus. 1846.

91 Nouvelles Écossaises, (trad. de l'Angl.), Par. 1847.

.92 Histoires et anecdotes édifiantes, (trad. de l'Allem.), Neuch. 1839.

93 Schubert, (G. H.) Jaques Werner, 1842.

94 Andilly, (C. d') La vallée de la Clusonne, Gen. 1838.

95 Reed, (A.) Charles le Fèvre, (trad. de l'Angl.), 2 vol. Par. 1838.

96 Vérités et fictions. Neuch. 1850.

97 Sherwood, (Mme) La haie d'épine, Toul. 1850.

98 Adams, (W.) La patrie du vieillard, (trad. de l'Angl.), Toul. Par. Lond. 1850.

99 Thérémin, Confessions d'Adalbert, Neuch. 1842.

100 Élisabeth, (C.) Le déserteur, (trad. de l'Angl,), Par. 1855.

101 Emma de Lissau, Par. 1846.

102 l'École de Vallon, Neuch. 1856.

103 Gotthelf, (J.) Ulric, le valet de ferme, (trad. de l'Allem.), Neuch. 1850.

104 ——————— Ulric le fermier, (trad. de l'Allem.), Memel 1854.

105 ———————Le miroir des paysans,(trad.de l'Allem.).

106 ———————Nouvelles Bernoises,(trad.de l'Allem.), Gen. Par. 1854.

107 ——————— Le tour de Jacob le compagnon, (trad. de l'Allem.), Par. 1854.

108 ——————— Ketty la grand'mère,Vevey,Par.1857.

109 Paroz, (J.) l'Homme aux calendriers, (trad. de l'Allem.), Par. 1856.

110 J. B. J., Les matelots à terre, Toul. 1855.

111 Augustin, Par. 1851.

112 André Cleaves, (trad. de l'Angl.), Toul. 1851.

113 Leila ou l'île déserte, (trad. de l'Angl.), Laus. 1851.

114 Leila en Angleterre, (trad. de l'Angl.), Laus. 1851.

115 Leila dans la maison paternelle, (trad. de l'Angl.),
Laus. 1852.

116 Warren, (S.) Maintenant et alors, (trad. de l'Angl.),
Par. 1852.

117 Croquis d'après nature, Par. 1852.

118 Susanne, par l'auteur de „la vie d'Élisabeth Fry,"
Gen. 1852.

119 La fille du comte, (trad. de l'Angl.), 2 vol., Gen.
Par. 1854.

120 Adelaïde Lindsay, (trad. de l'Angl.), Gen. Par. 1854.

121 Cabrières, (H.) La dame aux cheveux gris, Gen.
Par. 1855.

122 Le nuage doublé d'argent, (trad. de l'Angl.), Par. 1854.

123 Nieritz, (G.) Une ame indépendante, (trad. de
l'Allem.), Par. Laus. 1854.

124 Une étoile dans le désert, (trad. de l'Angl.), Par. 1854.

125 Le bonhomme Joliffe, (trad. de l'Angl.), Par. 1855.

126 Power, (M. A.) Evelyn Forester, (trad. de l'Angl.),
2 vol., Par. 1856.

127 Violette, (en Anglais Heartsease), 2 vol. Par. 1856.

128 La chaine des marguerites, par l'auteur de „Violette",
2 vol. Neuch. Par. 1857.

129 Les deux tuteurs, par le même, Neuch. Par. 1858.

130 Schaeffer, (A.) Tristan et Joyeux, (imité de l'Angl.),
Par. 1856.

131 Seppel ou l'incendie de la synagogue de Munnich,
Laus. 1850.

132 Isabelle ou le pouvoir de l'influence, Toul. 1852.

P.

JOURNAUX.

1 Bulletin de la société de l'histoire du protestantisme
Français, 1852—1858.

2 Revue chrétienne, Par. 1854—1858.

3 Colani, (T.) Revue de Théologie et de Philosophie chrétienne, Par. 1853—1858.

4 Revue Suisse, chronique littéraire, 1848—1858.

5 Feuille religieuse du Canton de Vaud, Laus. 1826—1858.

6 Bulletin du monde chrétien, 1849—1858.

7 Le Chrétien Belge, revue religieuse, 1851—1858.

8 l'Union, revue religieuse, 1850—1858.

9 l'Année chrétienne.

10 Le Semeur, journal philosophique et littéraire, 1848—56.

11 Le Lien, journal des Églises réformées de France, 1848—1858.

12 l'Espérance, 1849—1850.

13 Archives du Christianisme, journal religieux, 1848—58.

14 De Hervorming, Weekblad enz., 1847—1849.

15 De Kerkelijke Courant, 1850—1858.

16 Bijblad tot de Kerkelijke Courant, 1856, 1857.

17 Rapports de la société Centrale Protestante de France.

18 Union des Églises évangéliques de France, Synode 1852.

19 Le magasin des écoles du Dimanche, journal d'éducation chrétienne, Par. 1813, 1858.

20 Almanach de bons conseils, 1857.

INDICE DES RUBRIQUES.